행복한
교회성장의 열쇠

행복한 교회성장의 열티

| 이강천 지음 |

코이노니아, 미션, 멀티플리케이션

행복한 교회 성장의 원리와 적용

머리말

"한국교회는 더 이상 성장과 부흥을 경험할 수 없단 말인가?"

이 질문은 저의 오랜 숙제요 고민이요 기도제목입니다. 이 질문과 더불어 17년 동안 목회자들을 훈련하는 사역을 하게 되었습니다.

훈련을 통하여 많은 목회자들이 영적으로 힘을 얻고 영성생활의 감격을 누리는 것을 보았습니다. 동시에 교회도 어느 정도 갱신되고 활기를 찾고 영혼들이 추수되는 보고를 들으며 함께 감사하게 되었습니다.

그러나 오늘의 한국교회의 상황은 전도하는 일이 그리 호락호락하지 않으며 교회 성장도 많이 둔화되었음을 느낍니다. 그렇다고 포기하거나 중단할 수 없는 것이 전도요 교회 성장의 사명입니다.

많은 목회자들과 더불어 몸부림하면서 깨달은 것이 있습니다. 어려울수록 본질로 돌아가고 본질을 찾아 세워야 한다는 것입니다.

이번의 책 「행복한 교회성장의 열쇠」는 쉽고 안이한 방법이 아닙니다.

교회와 그리스도인의 삶이 행복해지고 행복한 중에 교회가 성장할 수 있는 원리와 적용점들을 찾아 정리한 것입니다. 이는 방편이기보다 본질적 원리를 중시하고 현실적 적용점을 찾아내려는 양면적 노력의 결과입니다.

이 책을 읽으시는 분들은 조금 깊은 성찰과 인내를 가지고 원리와 본질을 찾아내어 내 것으로 만들어 확신과 헌신으로 나아가기를 바랍니다. 분명 목회가 행복해지고 성도들의 삶이 행복해지면서 교회가 성장하는 기쁨을 누리게 될 것입니다.

한국교회의 부흥과 성장을 간절히 염원하는 마음으로 이 책을 냅니다.

주님께서 이 책을 읽는 모든 분들을 주님의 몸 된 교회의 부흥과 성장의 일꾼으로 삼으시기를 기도합니다.

2009년 초여름 금계리에서 이강천

CONTENTS

■ 머리말 _ 5
■ 목차 _ 6

1장 코이노니아 koinonia _ 09

I │ 코이노니아의 원리 _ 10
1. 코이노니아/인생의 본질적 삶의 방식
2. 코이노니아/교회의 본질적 존재 방식

II │ 코이노니아 공동체 이루기 _ 30
1. 코이노니아를 이루는 우리 교회 너무 행복해요
2. 코이노니아 공동체인 교회
3. 코이노니아 공동체 만들기

III │ 코이노니아 소그룹 인도법 _ 56
1. 모임 주기
2. 모임 장소
3. 모임 준비
4. 소그룹 모임 진행
5. 소그룹 모임 진행 설명
6. 소그룹 마침과 후의 일
7. 소그룹 모임 후 다음 모임까지
8. 소그룹 리더를 위한 몇 가지 조언

2장 미션 Mission _ 73

I │ 미션의 원리 _ 74
1. 사명의 원리 이해
2. 교회의 본질적 사명으로서의 선교

II │ 전도하고 선교하는 교회 _ 99
1. 전도하고 선교하는 교회 만들기
2. 소그룹 교회 전도법
3. 스타 소그룹 전도과정 매뉴얼

CONTENTS

3장 복음 이야기 _143

- Ⅰ | 서론 _144
  1. 개인 전도의 경우   2. 아가페 만찬의 경우

- Ⅱ | 복음 제시 _146
  1. 사람의 본래 모습은 '좋아요' 입니다
  2. 사람이 죄인이 된 것입니다
  3. 먼저 하나님의 성품을 이해해야 합니다
  4. 예수님의 십자가를 통하여 해결하셨습니다

- Ⅲ | 결신 시키는 법 _152
  1. 예수님을 영접하기 위하여 우리는 다음과 같이 해야 합니다
  2. 예배를 위한 기도
  3. 결신 기도
  4. 성령충만(세례) 받도록

- Ⅳ | 즉석 양육 _156
  1. 말씀   2. 기도   3. 찬양
  4. 예배   5. 사귐   6. 전도

4장 증식 Multiplication _161

- Ⅰ | 증식의 원리 _162
  1. 생육하고 번성하여 충만하라   2. 만인 제사직과 평신도 선교

- Ⅱ | 생명 증식의 공동체로서의 소그룹 _184
  1. 증식의 원리와 적용   2. 증식의 철학/당신도 할 수 있다
  3. 증식을 위한 구조 이해   4. 소그룹 증식의 실제
  5. 셀 교회 전환 5개전 지침   6. 청년들 먼저 일으키기

5장 교회 성장의 본질적 열쇠로서의 시스템과 불 _209

- Ⅰ | 시스템과 불의 이해 _210
  1. 시스템 이해
  2. 불/생기를 불어 넣으라

행복한교회성장의원리와적용

1장
코이노니아
KOINONIA

I

코이노니아의 원리

어느 날 훈련이 끝나고 마무리 하려고 조교를 포함한 스텝들이 모였습니다. 다들 모여 기다리고 있는데 1조 조교 목사님이 늦어집니다.

"1조 조교님은 왜 안 오셨지요?"

"조원들하고 기도하고 있는 것 같던데요."

한 참 후 1조 조교 목사님이 들어왔습니다.

"1조에서 무슨 특별한 기도제목이 있었나요?"

"속초에서 오시는 전목사님을 위하여 특별 기도회를 가졌습니다."

"무슨 일로요?"

"어제 오후 쉬는 시간에 축구 하다가 발을 다쳐서 병원에 가서 깁스를 하고 왔었지요?"

"그랬지요."

"훈련원에 있는 동안은 목발을 짚고서 강의실을 오가며 훈련을 받았지만 속초까지 운전을 해서 가야 하는데 운전할 일이 난감한 거예요. 누가 대신 속초까지 운전해 주든지 아니면 본인의 발이 나아서 스스로 운전해 가든지 해야 할 것 아니겠어요?"

"그렇겠네요. 그래서요?"

" '우리가 기도해서 하나님께서 고쳐 주시면 전 목사님 스스로 운전해 가면 되지 않겠는가? 우리 합심하여 사랑의 중보기도를 합시다.' 조원 중에 한 분이 그렇게 의견을 내놓아서 모두 '그럽시다.' 하고는 둘러서 공동 안수하여 한 20분 기도하였지요."

"어린아이 같은, 그러나 대단한 믿음과 사랑의 행동이었군요. 그래 어찌 되었나요?"

"기도가 끝나고 깁스 풀고 운전하고 갔습니다."

"할렐루야"

함께 모였던 스텝들은 모두 박수를 쳤습니다.

거룩하고 권위가 바위같이 무거운 목사들이 이렇게 어린아이 같은 믿음을 실행한다는 것이 놀랍습니다.

서로 경쟁상대라고 생각하고 마음의 벽을 쌓고 살던 목사들이 자기 조의 형제의 문제를 자기 문제처럼 여겨 공동으로 형제의 짐을 짊어지고 사랑으로 기도한다는 것은 아름다운 일입니다.

이것이 코이노니아 경험의 일부라고 생각합니다.

코이노니아란 사귐, 교제, 친교 등으로 번역되는 헬라어 입니다.

앞으로 논하면서 더욱 깊이 이해가 되겠지만 코이노니아는 교제요, 친교인데 단순한 교제 이상의 교제요, 친교 이상의 친교 입니다.

하나로 연합된 공동체를 이루는 교제와 친교를 의미하는 것이지요.

인간은 코이노니아 속에서 가장 행복하고, 교회는 코이노니아 속에서 가장 활기 넘치는 경험을 하게 됩니다.

그래서 행복한 교회 성장의 원리의 제일 원리는 코이노니아 원리라고 보게 된 것입니다.

1. 코이노니아/인생의 본질적 삶의 방식

남난희씨가 쓴 "하얀 능선에 서면" 이란 책을 읽은 적이 있습니다. 눈 덮인 겨울, 부산 금정산에서 강원도 고성까지 태백산맥을 따라 70여 일에 걸쳐 홀로 단독 종주를 한 수기입니다.

거기 이런 이야기가 있습니다.

그녀가 70여일 홀로 눈 덮인 산맥을 걸어가면서 지치고, 몸살하고, 동상에 걸리고 하는 고통이 있었지만 가장 큰 고통은 고독, 홀로 있는 외로움이었다고 고백합니다.

그래서 해가 저물어 텐트를 쳐놓고 제일 먼저 하는 일이 불을 피우고 눈을 냄비에 담아 끓여서 물을 만들어 그 물을 눈 위에 뿌리고 눈을 뭉쳐서 눈사람을 만들어 세워놓고 그 눈사람과 대화하는 일이었답니다.

칼 바람 부는 산 능선에서 눈 사람을 만들다니, 낭만적이라는 생각을 하십니까?

낭만이나 여유로워서가 아니라 그녀는 살기 위해 눈사람을 만든 것입니다.

그녀는 그렇게 하지 않으면 외로움을 견딜 수 없었기 때문이지요.

그래 봐야 독백이지만 너무 외로우니 그렇게라도 한다는 것이지요.

그리고는 내려가면 절대 혼자 살지 않을 것이라 다짐하는 내용이 나오지요. 혼자서는 살 수 없는 존재, 그것이 인생인데 그것이 왜 그런지 아십니까?

1) 그분의 형상, "우리" 이미지

성경에는 인간이 어떤 존재인가를 가르쳐주는 중요한 계시가 있습니다. 성경은 인간에 대해 이렇게 말해 줍니다.

> 창 1:26, 하나님이 가라사대 우리의 형상을 따라 우리의 모양대로 우리가 사람을 만들고 그로 바다의 고기와 공중의 새와 육축과 온 땅과 땅에 기는 모든 것을 다스리게 하자 하시고
> 27, 하나님이 자기 형상 곧 하나님의 형상대로 사람을 창조하시되 남자와 여자를 창조하시고
> 28, 하나님이 그들에게 복을 주시며 그들에게 이르시되 생육하고 번성하여 땅에 충만하라, 땅을 정복하라, 바다의 고기와 공중의 새와 땅에 움직이는 모든 생물을 다스리라 하시니라

성경적 인간관은 몇 가지 중요한 특징으로 정리 됩니다.

(1) 하나님의 작품

첫째는 인간은 하나님의 피조물이라는 점입니다.

요즘 세계는 진화론과 창조론의 두 이론이 인간의 기원을 설명하는 논거로 사용되는데 일반적으로는 진화론을 더 많이 믿고 있는 듯 합니다.

그러나 진화론에 의하면 인간의 가치나 의미나 진정한 인간다움을 발견하지 못합니다.

창조론에서 우리는 인간의 가치와 의미와 참된 행복과 기쁨의 원천을 발견하게 되는 것이지요.

성경은 분명히 인간이 하나님의 창조물임을 말씀하고 있습니다.

(2) 그 분의 형상

둘째는 인간이 하나님의 형상으로 지은 바 되었다는 것입니다.

인간은 하나님의 형상으로 지은 바 되었기에 하나님만큼의 가치가 있고, 하나님과의 관계에서 의미가 있고, 하나님 안에서 행복하고 감격하는 인생입니다.

하나님 형상이 무엇일까요?

하나님의 형상이 무엇이냐 하는 문제도 여러 가지로 논의 되고 있지만 한 마디로 말하여 인간은 하나님의 속성, 신격, 다시 말하여 영성을 지닌 존재로 창조되었다는 것입니다.

영이신 하나님과 친교하고 대화하며 사랑하고 신뢰하는 관계를 맺고 살아가는 존재로 만드신 것입니다.

하나님은 인간을 하나님의 대화의 상대로 하나님의 친교의 대상으로 하나님의 사랑의 대상으로 지으신 것입니다.

우리 인간은 하나님과의 관계 안에서 온전한 삶을 이루도록 지어진 존재 입니다.

영혼을 지닌 존재입니다.

하나님의 신격 즉 하나님의 영성을 지닌 존재인 것입니다.

하나님과 대화하고 communication 친교 하는 koinonia 영성적 존재가 인간입니다.

인간의 본질은 하나님과 하나된 친교 속에서 살아가는 존재입니다.

그러므로 하나님 없는 인생은 근본적으로 고독합니다.

하나님 없는 인생은 불완전합니다.

하나님과 함께 있을 때 인간은 가장 행복하고 가장 건강하고 가장 큰 기쁨이 있습니다.

(3) "우리" 이미지

세 번째로 깊이 묵상하며 발견한 진리는 하나님의 형상이 삼위일체 하나님을 닮은 "우리" 이미지라는 것입니다.

우리는 하나님이 삼위일체 하나님이라고 고백합니다.

삼위일체 하나님이란 성부 성자 성령 삼위의 하나님이 온전히 하나를 이룬 일체 하나님을 의미합니다.

그래서 셋인데 하나인 하나님 입니다.

이것을 우리는 온전한 코이노니아 하나님이라 부릅니다.

즉 삼위의 하나님이 서로 온전히 하나된 친교 속에 존재합니다.

곧 코이노니아 하나님입니다.

성부 성자 성령 삼위이시지만 하나이신 하나님입니다.

이는 절대적이고 온전한 코이노니아를 이루신 하나님의 속성을 나타냅니다.

하나님께서는 자신 안에 온전한 코이노니아를 이루신 삼위일체 하나님이십니다.

여기서 하나님의 형상으로 지었다는 말은 단순한 영성이 아니고 코이노니아의 속성을 포함하는 영성으로 창조 되었다는 것입니다.

이전 다른 피조물을 창조하실 때는 나오지 않던 말이 인간을 창조할 때 세 차례나 강조 되고 있는 "우리"라는 말은 의미심장한 메시지를 담고 있습니다.

사람을 창조 하실 때 단순히 "하나님의 형상대로, 내 형상으로 만들겠다"가 아니라 "우리의 형상을 따라" "우리 모양대로" "우리가" 사람을 만들자 하고 그렇게 만들었다는 것입니다.

여기서 "우리"는 누구입니까?

삼위일체 하나님이 자신 안에서 상의하고 동의 하시고 일치된 뜻으로 만드신 것입니다.

왜 갑자기 삼위일체 하나님이 강조되고 인간을 그렇게 삼위일체 하나님의 형상대로 만드는 것이 강조 되는 것입니까?

그것은 인간이 하나님의 형상을 따라 만들어질 때 단순한 영성만이 아니고 삼위일체 하나님 형상 즉 하나님 안에 삼위가 하나된 친교로 존재하는 코이노니아, "우리" 이미지로 만들었다는 것을 계시하는 것입니다.

그래서 인간은 처음부터 홀로 살아가는 존재로 지음 받은 것이 아니라 "우리"로 살아가도록 지음 받은 존재인 것입니다.

인간 서로간에도 하나되는 친교를 이루며 살도록 하신 것입니다.

이것이 인간의 본질적인 존재 방식입니다.

하나님은 인간이 하나님과 하나된 친교 속에서 살도록 지으셨을 뿐 아니라 동시에 같은 하나님의 형상을 받은 인간들이 서로 하나를 이루고 경험하며 친교 하는 코이노니아 인성을 갖게 하셨습니다.

부부관계는 하나님께서 하나 되어 살게 하신 최소의 코이노니아 연합입니다.

인간 창조에서는 남자와 여자로 창조하셨음이 강조되고 2장에서 남자와 여자가 한 몸을 이루라고 하셨습니다.

> 창 2:24, 이러므로 남자가 부모를 떠나 그 아내와 연합하여 둘이 한 몸을 이룰지로다

둘이지만 한 몸을 이루어 하나로 인생을 살아가는 것이 부부요 진정한 코이노니아입니다.

부부의 경우는 마음만이 아니라 몸도 하나 되는 코이노니아 경험 속에

서 사랑하며 연합하는 삶을 인간의 삶의 방식으로 섭리하였습니다.

이것은 인간이 코이노니아 인성을 갖고 살게 하셨다는 것입니다. 그리고 인간이 가정을 이루고 살게 하신 것이 코이노니아 인성 때문입니다.

인간은 하나님과의 코이노니아 연합, 인간 간에도 코이노니아 연합을 이루며 살아야 온전한 인생이 됩니다.

하나님은 자신 안에 성부 성자 성령, 삼위 일체 코이노니아를 이루고 존재합니다.

"우리" 이미지로 지음 받은 인간도 삼위 일체적 코이노니아 속에서 살아가게 하신 것인데 인간의 코이노니아 삼위 일체는 나와 너 그리고 하나님이라는 3개체 이상의 영적 인격이 만나 하나된 친교를 누리는 삶에서 완성됩니다.

그러니까 인간은 하나님과 하나된 연합과 서로간에도 하나된 친교 가운데 살아가는 코이노니아의 속성을 가진 존재라는 것이지요.

그러므로 인간이 가장 온전하고 내적으로 외적으로 건강하고 행복할 수 있는 조건은 하나님과의 친교와 서로간의 하나된 친교 속에서 살아갈 때 입니다.

2) 파괴된 영성 무너진 코이노니아

인간의 타락이야기를 통하여 이제 우리가 깨닫는 것은 마귀가 파괴하려 한 것이 하나님과의 관계, 하나님과의 코이노니아요 동시에 인간 서로간의 코이노니아 즉 하나님의 형상, 우리 이미지를 파괴하려 한 것입니다.

뱀이 아담과 하와를 유혹한 것은 하나님과의 연합된 코이노니아를 파괴하려는 것이요, 인간 서로간의 하나된 친교를 파괴하려는 것이었습니다.

에덴동산에서 일어난 인류 최초의 비극인 타락 이야기는 코이노니아가 파괴 되었다는 것을 보여주는 것입니다.

(1) 하나님과의 코이노니아 파괴

하나님께서는 선악과를 먹지 말라 하시고 먹는 날에는 정녕 죽으리라 말씀 하셨습니다.

창 2:17, 선악을 알게 하는 나무의 실과는 먹지 말라 네가 먹는 날에는 정녕 죽으리라 하시니라

뱀의 유혹은 먹어도 결코 죽지 아니하리라 하는 것이었습니다

창 3:4, 뱀이 여자에게 이르되 너희가 결코 죽지 아니하리라

아담과 하와는 하나님의 말씀을 불신하고 뱀의 말을 믿음으로 선악과를 따 먹습니다.

불신은 사랑으로 하나되는 연합, 즉 코이노니아를 파괴하는 결정적인 독소입니다.

불신은 친교를 파괴합니다.

불신은 연합을 파괴합니다.

불신은 코이노니아를 파괴합니다.

그 결과 하나님과의 연합이 깨어졌습니다.

성경은 파괴된 하나님과의 친교를 이렇게 표현합니다

창 3:8, 그들이 날이 서늘할 때에 동산에 거니시는 여호와 하나님의 음성을 듣고 아담과 그 아내가 여호와 하나님의 낯을 피하여 동산 나무 사이에 숨은지라

사랑의 관계, 연합된 관계, 코이노니아 관계에 있을 때라면 하나님의 임재가 즐거운 일이었을 텐데, 이제는 두려움이 되고 피해야 하는 비극이 되었습니다.

이것이 하나님과의 친교가 파괴된 결과입니다.

선악과 이야기를 하다 보면 질문이 많습니다.

한번은 중, 고등학생들에게 선악과에 관한 설교를 하는데

설교 도중 한 학생이 손을 들고 질문하였습니다.

"목사님, 아담과 하와가 선악과를 따먹게 될 것이란 사실을 하나님은 미리 아셨을까 모르셨을까요?"

"모르셨겠지." 하고 대답하면

"하나님은 전지전능한 하나님이 아니신 모양이네요."라고 말 할 것이고

"아셨겠지" 라고 대답하면

"하나님은 따먹을 걸 뻔히 아시면서 먹으면 죽는 열매를 왜 만들어 놓으셨단 말입니까? 참 괴팍한 하나님이네요."

이렇게 말 할 것입니다.

그런데 선악과는 그 열매 속에 독이 들어 있어서 먹으면 그 자리에서 쓰러져 죽는 그런 열매가 아닙니다.

하와와 아담이 선악과를 먹자 마자 몸을 뒤틀며 쓰러진 것이 아닙니다.

선악과에 독은 없습니다. 그것은 계명의 나무입니다.

하나님의 말씀을 불신하면 코이노니아가 깨어지고 영적 죽음이 오고 영이 죽은 채로 영생하는 것이 오히려 저주가 되므로 육의 죽음도 선포된 것입니다.

문제는 불신이 코이노니아를 파괴하여 인간의 인간됨을 파괴한다는 점입니다.

(2) 인간 상호간의 코이노니아 파괴

하나님과의 코이노아가 파괴되자 인간관계도 파괴 됩니다.
한 몸이었던 아담과 하와 사이도 파괴되었습니다.
처음 타락 이전에 아담은 하와를 보고 감격스럽게 외쳤습니다.

> 창 2:23, 아담이 가로되 이는 내 뼈 중의 뼈요 살 중의 살이라 이것을 남자
> 에게서 취하였은즉 여자라 칭하리라 하니라

 하나된 연합의 기쁨이 감격으로 나타나 있습니다.
이는 문자적 서술이기보다는 시적 감탄이라고 생각됩니다.
얼마나 감격스러운지 뼈 중의 뼈요, 살 중의 살이라고 감격하며 하나됨을 감탄하고 있습니다.
한 번은 또 중, 고등학생들에게 아담과 하와 이야기를 하고 있는데 어떤 학생 하나가 손을 들고 질문합니다.
"목사님, 아담은 어떻게 하와를 보자마자 감격하여 부부가 되었을까요?"
내가 잠시 대답할 말을 생각하고 있는데 질문한 학생 옆에 있던 학생이 옆구리를 툭툭 치면서 하는 말이 "야, 바보야 그 때 무슨 선택의 여지가 있었겠냐?"
그 학생 말처럼 선택의 여지가 없기도 했겠습니다만 하나님이 부부관계를 이루고 코이노니아 속에서 살도록 창조하셨는데 홀로 있는 외로움을 느끼다가 코이노니아의 상대가 있게 된 그 감격과 기쁨이 얼마나 컸겠습니까?
그러나 타락하여 하나님과의 연합이 파괴되면서 인간의 본질인 "우리" 이미지가 파괴되므로 아담과 하와 사이에서도 연합과 코이노니아가 파괴 되고 맙니다.

아담은 타락 후 이렇게 말합니다.

창 3:12, 아담이 가로되 하나님이 주셔서 나와 함께 하게 하신 여자 그가 그 나무 실과를 내게 주므로 내가 먹었나이다

"내 뼈 중의 뼈"였던 하와가 "여자 그가"로 전락됩니다.
3인칭, 즉 제 삼자가 되어 버립니다.
하나된 감격은 무너지고 삼자로 전락시키는 비열함이 나타납니다.
그리고 이후로 가인과 아벨의 사건을 보면 가인이 질투와 시기로 아우인 아벨을 쳐 죽이는 사건 등은 타락이란 바로 이렇게 하나님과의 하나된 친교가 무너지고 인간 서로 간의 하나된 친교가 파괴되는 것임을 보여 줍니다.

2. 코이노니아/교회의 본질적 존재방식

원래 인간 삶의 방식이 코이노니아였는데 마귀는 코이노니아를 파괴하는 전략을 썼고 그렇게 되었습니다.
이제는 모든 인간이 온전한 코이노니아를 경험하지는 못합니다.
예수님은 인간을 구원하고 회복하려고 구세주로 오셨습니다.
하나님은 예수님을 통해 인간을 회복하고 타락한 중에도 원래의 코이노니아 즉 하나님과의 친교와 서로 상호간의 친교를 아는 새로운 인간의 삶을 회복하시고자 하셨습니다.
회복되는 코이노니아 공동체로 세운 것이 교회 공동체 입니다.
교회란 코이노니아를 회복하는 공동체입니다.
코이노니아가 교회의 본질적 존재방식입니다.

1) 예수님이 회복하려 한 코이노니아

예수님은 우리의 구주로 오셨습니다.

예수님께서 이루려 하신 것이 무엇입니까?

바로 파괴된 코이노니아를 회복하시려는 것입니다.

그래서 우리는 보편적으로 말합니다.

예수님의 십자가의 구속은 하나님과의 화해를 위한 십자가요, 인간 서로간의 장벽을 허무는 십자가라고 말합니다.

이러한 진리들을 깊이 들여다보면 결국 하나님께서는 하나님께서 원래 창조하셨던 인간 본성인 코이노니아 영성, 코이노니아 공동체를 회복하려는 것임을 알 수 있습니다.

예수님께서 십자가를 지시기 직전 제자들을 위하여 간절히 기도하신 중보기도의 내용을 보면 바로 코이노니아 공동체를 회복하시고자 하는 예수님의 열망이 담겨 있습니다.

> 요 17:21, 아버지께서 내 안에, 내가 아버지 안에 있는 것같이 저희도 다 하나가 되어 우리 안에 있게 하사 세상으로 아버지께서 나를 보내신 것을 믿게 하옵소서
> 22, 내게 주신 영광을 내가 저희에게 주었사오니 이는 우리가 하나가 된 것같이 저희도 하나가 되게 하려 함이니이다
> 23, 곧 내가 저희 안에, 아버지께서 내 안에 계셔 저희로 온전함을 이루어 하나가 되게 하려 함은 아버지께서 나를 보내신 것과 또 나를 사랑하심 같이 저희도 사랑하신 것을 세상으로 알게 하려 함이로소이다

예수님이 제자들을 위하여 기도하신 것은 하나가 되어 삼위일체 하나님 안에 있게 되는 것이었습니다.

그것도 마치 아버지께서 예수님 안에, 예수께서 아버지 안에 계시는 것

같이 하나되어 삼위일체 하나님 안에 있게 되기를 위하여 기도하신 것입니다. 그러니까 삼위일체 하나님처럼 예수님의 제자들도 하나되고, 하나님과 하나되는 코이노니아 공동체를 이루기 위하여 기도하신 것입니다.

창조 시에 하나님이 만든 바 하나님의 형상이 회복된, 우리 이미지가 회복된 그러한 제자 공동체를 이루기를 기도하신 것입니다.

코이노니아 공동체

예수 그리스도의 십자가는 하나님과 인간 그리고 인간 상호간의 파괴된 코이노니아를 회복하는 역사입니다.

교회는 구원 받은 사람들의 공동체인데, 하나님께서는 온전한 코이노니아를 회복한 공동체로서의 교회를 세우고자 하신 것입니다.

그러기에 예수님의 기도는

"아버지께서 내 안에, 내가 아버지 안에 있는 것같이 저희도 다 하나가 되어 우리 안에 있게 하사" "내가 저희 안에, 아버지께서 내 안에 계셔 저희로 온전함을 이루어 하나가 되게 하려고" 주님은 기도하고 계신 것입니다.

주님은 하나님과도 온전히 코이노니아를 이루고 제자들이 공동체로서 하나되어 서로간에도 온전한 코이노니아를 회복한 공동체를 세우고자 한 것입니다. 그리고 이렇게 하나님과 하나되고 서로간에 하나된 코이노니아 공동체를 이룰 때 세상은 교회 공동체를 통하여 하나님을 보고 하나님의 사랑을 보게 된다는 것입니다.

코이노니아 공동체, 즉 온전히 성령 안에서 사랑으로 하나된 공동체가 교회이며 주님께서 세우시기를 원하신 본질적 교회라는 것입니다.

2) 회복된 코이노니아 영성

좀 더 성경의 진리를 살펴 보기로 합니다.

바울 사도는 코이노니아가 회복된 새 인간을 지으시려고 예수님께서 십자가의 구속과 화해의 역사를 이루셨다고 증거 합니다.

엡 2:14, 그는 우리의 화평이신지라 둘로 하나를 만드사 중간에 막힌 담을 허시고

15, 원수 된 것 곧 의문에 속한 계명의 율법을 자기 육체로 폐하셨으니 이는 이 둘로 자기의 안에서 한 새 사람을 지어 화평하게 하시고

16, 또 십자가로 이 둘을 한 몸으로 하나님과 화목하게 하려 하심이라 원수 된 것을 십자가로 소멸하시고

17, 또 오셔서 먼 데 있는 너희에게 평안을 전하고 가까운 데 있는 자들에게 평안을 전하셨으니

18, 이는 저로 말미암아 우리 둘이 한 성령 안에서 아버지께 나아감을 얻게 하려 하심이라

19, 그러므로 이제부터 너희가 외인도 아니요 손도 아니요 오직 성도들과 동일한 시민이요 하나님의 권속이라

성경은 교회의 본질적 속성을 분명히 코이노니아 공동체라고 말합니다. 여기 에베소서에서도 이 사실은 강조 되고 있습니다.

물론 이 본문이 유대인과 이방인의 구분 없이 유대인도 이방인도 예수 안에서 하나 되게 하사 하나님의 가족이 되게 하셨다고 말합니다만 우리가 보편적으로 이해할 때 둘이 하나 되어 하나님과 하나 되는 코이노니아 공동체가 교회인 것을 나타냅니다.

그리고 이 교회를 통하여 회복된 새 인간상을 지으시려는 것입니다.

둘이 하나 되고 하나님과 하나 되고

둘로 하나를 만드시고자 하는 것이 하나님의 뜻입니다.

따로 따로 개인주의에 모래알처럼 살아가는 인생이 아니라 둘이 하나 되어 살아가는 새 사람을 만들고자 하였습니다.

하나님이 원래 창조하신 인간은 하나님과 친교 하는 인간, 그리고 서로가 친교하며 하나 되어 살아가는 코이노니아 영성과 인성이었습니다.

그러나 사탄의 유혹에 빠져 불신으로 타락하고, 하나님께로부터 분리되고, 사람 상호간에도 이기주의로 분리되는 죄인이 되고 말았습니다.

예수님의 십자가로 하나님과 사람이 화목하게 될 뿐 아니라 사람과 사람이 하나 되는 진정한 연합의 코이노니아적 새 인간을 지으시려는 것이 하나님의 의도이며 교회는 바로 새 인간상을 이루는 공동체입니다.

둘을 한 몸으로 만들어 또 하나님과 화목하게 하고 둘이 한 성령 안에서 하나님 아버지께 나아가 하나님과도 하나 되는 그러한 인간의 삶을 회복 하고자 하는 것이 하나님의 뜻입니다.

모래알처럼 따로 사는 외로운 인생이 아니라 하나님의 사랑과 서로의 사랑 안에서 함께 살아가는 온전한 인생으로 회복하려는 것입니다.

그리고 이러한 회복된 코이노니아 공동체가 교회 입니다.

하나님은 교회를 통하여 코이노니아가 회복된 인생을 누리도록 섭리하신 것입니다.

3) 코이노니아 공동체로의 초대

요한 사도는 전도의 목적이 코이노니아를 이루는 것이라고 가르칩니다.

요일 1:3, 우리가 보고 들은 바를 너희에게도 전함은 너희로 우리와 사귐이

있게 하려 함이니 우리의 사귐은 아버지와 그 아들 예수 그리스도와 함께 함이라

다시 한 번 강조하거니와 기독교의 영성은 코이노니아 영성입니다.

요한일서의 말씀에 보면 요한 사도가 복음을 전하면서 복음 전하는 목적을 우리와 사귐이 있게 하려 함이라고 하였습니다.

사귐이 코이노니아인데 이미 이루어진 우리라는 코이노니아 공동체에 들어와 우리 공동체와 그들도 코이노니아를 이루는 것을 위하여 복음을 전하고 있다는 것입니다.

그러므로 구원은 단순한 개인적 사건이 아니라 코이노니아 공동체의 지체가 되어 코이노니아 인성, 코이노니아 영성을 이루는 것입니다.

그리고 그 사귐은 인간들만의 사귐이 아니라 아버지와 예수 그리스도와 함께 하는 사귐, 하나님과 영적으로 하나되는 코이노니아라는 것입니다.

여기서 우리는 비로소 잃어버린 하나님과의 코이노니아, 사람간의 코이노니아를 회복하게 됩니다.

이 코이노니아가 회복된 공동체가 교회입니다.

기독교의 영성은 그러므로 코이노니아 영성입니다.

개인적으로 신앙생활을 하게 되어 있는 것이 아니라 코이노니아를 이루는 공동체로 신앙생활을 하게 되어 있고 코이노니아를 이룰 때 우리의 영성이 온전하고 건강하며 충만하게 됩니다.

이 사귐은 우리가 하나 되는 사귐이요 하나님과 하나 되는 사귐입니다.

여기서 우리의 영성이 창조시의 영성으로 온전히 회복 되는 것이지요.

오늘 우리의 과제는 코이노니아 영성을 상실한 교회의 모습을 하고 있는 채로 개인적 영성을 추구하는 양상입니다.

우리는 홀로 하나님을 깊이 만나기 위하여 기도하고 금식하고 수도적 삶을 연습할 수도 있습니다.

그러나 가장 깊은 영성과 가장 충만한 영성은 형제들과 연합하는 친교 속에서 성령 충만한 경험을 이루며 우리의 영성이 성장하고 성숙하고 충만해 진다는 것입니다.

4)코이노니아 공동체에 맡긴 하나님 나라 역사

여기서 다시 예수님의 말씀으로 돌아가 살펴 봅니다.

예수께서 제자들에게 교회의 전도와 기도 사역을 가르칠 때에 코이노니아 공동체로서 사역하는 것을 말씀 하셨습니다.

> 마 18:19, 진실로 다시 너희에게 이르노니 너희 중에 두 사람이 땅에서 합심하여 무엇이든지 구하면 하늘에 계신 내 아버지께서 저희를 위하여 이루게 하시리라
> 20, 두 세 사람이 내 이름으로 모인 곳에는 나도 그들 중에 있느니라

코이노니아 영성을 가르쳐 주는 말씀은 얼마든지 많습니다.

그러나 마태복음의 말씀은 또 한 번 중요한 코이노니아 영성을 가르칩니다. 마태복음 18장의 이 부분은 영혼을 구원하고 죄 범한 형제를 회복시키기 위하여 기도하는 사역을 가르치고 있는데 기도사역을 할 때 합심하여 하라는 것입니다.

두 사람이 합심하는 것 그것이 코이노니아 입니다.

그런데 놀라운 것은 두 세 사람이 모여 합심하여 기도하는 곳에 주님께서 오셔서 함께 하시겠다고 약속하십니다.

예수님이 우리에게 오실 때 인간의 몸을 입고 우리에게 오셔서 성육

신 하셨습니다.

그리고 오늘은 우리 교회 공동체 곧 코이노니아를 이룬 공동체에 예수님께서 성령으로 임재하여 오신다는 것입니다.

코이노니아 공동체로 성육신하시는 예수님이라고 보아야 합니다.

그래서 우리가 하나 되고, 주님께서 하나 된 공동체에 오셔서 하나 되는 온전한 코이노니아를 이루고 누리게 됩니다.

인간끼리 즉 신자끼리 하나 되어 합심하여 기도하고 거기에 주님이 임재하여 오심으로 하나 되는 놀라운 축복의 경험을 하게 되는 것입니다.

주님은 우리에게 영혼 구원과 죄 범한 형제를 회복하는 사명을 위하여 기도하라고 하시면서 그 기도가 개인적인 기도가 아니라 공동체적인 합심 기도가 되어야 함을 강조하십니다.

그리고 합심 기도 속에 주님이 성령으로 오셔서 함께 하시고 역사하십니다.

합심기도는 영혼 구원의 역사를 이루고 영적 전쟁에서 마귀를 묶고 영혼을 풀어내는 사역이 되게 합니다.

온전한 영성이 아니면 영적 승리를 할 수 없기 때문에 온전한 영성, 코이노니아 영성으로 기도하라고 하시는 것입니다.

예수님은 제자공동체가 하나가 되어 주님 안에 있고 코이노니아 공동체를 이루게 되기를 기도하셨습니다.

하나 되는 제자공동체는 세상에 하나님의 존재와 사랑을 나타냅니다.

사도 요한은 주님과 함께 하는 사귐인 코이노니아로 우리를 초대하고 있습니다.

주님은 코이노니아 공동체에 영혼 구원과 회복의 사명을 맡기시고 코이노니아를 이루고 기도하므로 영적 승리와 영혼 구원의 사역이 이루어진다는 것을 보여 주셨습니다.

기독교의 사귐은 하나님과 하나 되고 사람 상호간에도 하나 되는 연합의 코이노니아 입니다.

그러므로 교회를 코이노니아 공동체라고 말할 수 있습니다.

그리고 기독교의 영성은 개인적 영성이 아니라 공동체적인 코이노니아 영성 입니다.

교회가 코이노니아 영성을 이룰 때 교회의 영성은 가장 건강하고 충만합니다.

코이노니아 영성을 이룬 교회가 사역의 능력, 영적 전쟁에서 승리하는 능력을 지니게 됩니다.

그런데 오늘날 우리의 과제는 코이노니아 공동체의 경험이 교회 안에서 잘 일어나지 않는다는 데 있습니다.

그래서 코이노니아 경험이 잘 이루어질 수 있는 교회 구조로서의 소그룹, 셀 교회 구조가 재평가되는 것입니다.

II
코이노니아 공동체 이루기

셀 교회 시스템을 연구하고 적용하는 2단계 사역갱신학교 훈련생들이 7월에 선배 교회를 탐방하는 시간이 있어서 시흥 신현제일 교회로 3기생을 인솔하고 갔습니다.

우선 점심 대접을 잘 받고 두어 시간 진행된 브리핑을 들었습니다.

그리고 사모님의 간증도 들었습니다.

사모님의 간증을 들으면서 2단계 행복한 교회 성장원리를 가르치는 사역의 중요성을 다시 한번 확인하였습니다.

한 가지 원리만 가르쳐도 이렇게 달라지고 감격하는 모습을 보면 힘을 얻습니다.

여기에 신현 제일교회 최은수 사모님의 간증을 전재합니다.

1. 코이노니아를 이루는 우리교회 너무 행복해요

《 신현 제일교회 최은수 사모

예수님을 좋아하기 때문에 예수님의 일을 하는 사람에게는 큰 기쁨이 있습니다.
1단계 사역자 영성훈련에서는 교회를 개척한 후 7년 내내 끊임없는 두레박질로 메말라 가던 우리 부부의 말씀의 우물가가 예수님의 생명수로 흘러넘치는 축복을 경험하였습니다.
소명을 다시 즐거워하게 되었고 마리아처럼 예수님의 음성 듣는 것을 귀히 여기는 마음도 회복되었습니다.
여주동행하며 중보기도와 제자훈련에 박차를 가해 다시 7년을 달려가는 동안 아름다운 교회의 터전을 마련하게 하셨고, 영혼구원을 통해 하나님나라를 확장하는 복을 누리게 하셨습니다.
하지만 그런 영적 전쟁터에 선 고단함으로 인해 목사님과 제게는 새로운 충전과 휴식이 간절히 필요하게 되었습니다.
이강천 목사님께로부터 셀 목회를 지향하는 2단계 사역갱신 훈련의 권유를 받았을 때, 셀 교회에 대한 지식이 전무하고 관심도 별로 없었던 우리 부부가 바나바 훈련원을 다시 찾게 되었습니다.
훈련 첫 달 셀에 대해 준비되지 않은 마음으로 인해 그냥 집으로 돌아가고 싶은 충동을 꾹꾹 누르며 첫날의 강의를 마치고, 새벽 홀로 말씀묵상을 하는 시간······주님께서 마태복음 10장 1절을 통해 말씀하셨습니다.
"열두 제자에게 그러셨던 것처럼 모든 병과 모든 약한 것을 고치는 권능을 주시려고 불렀다고 ······"
아하! 나에게 다시 성령의 기름을 부어 주시려고 부르셨구나 ······
가슴속에 큰 울림으로 깨달아 졌습니다.
너무나 감사해서 차가운 강의실에 바닥에 철퍼덕 앉아 나 자신과 우리교회를 너무나 사랑하시는 주님께 나도 주님을 사랑한다고 고백하며 한참을 울었습니다.

셀 목회에 대해 완전 소경이었던 저는 셀 교회의 원리와 본질을 이강천 목사님의 강의를 통해 도전 받으며 가슴이 뛰는 것을 경험하였습니다.

교회의 본질적 존재방식으로서의 코이노니아에 대해 배우며 이제까지 알고 있다고 여겨왔지만 실은 그대로 실천하지 못한 교회 공동체의 본질에 대해 뜨겁게 공감하게 되었습니다.

우리교회가 바로 천국을 누리며 영혼을 추수하는 행복한 교회가 될 수 있다는 소망과 비전을 품게 되었습니다.

훈련과제로 주신 대로 교회 안에 여성, 남성 두 개의 모셀을 만들고 조금씩 조금씩 셀목회 적용을 시도해 가며 제가 누린 감격과 은혜는 이루 말로 다 할 수 없습니다.

나름대로 교회 성장과 변화에 맞추어 리더십의 패러다임을 바꾸어 본다고 애써왔지만 늘 어미닭 역할을 벗어나지 못하고, 성도들을 주님의 강한 용사로 훈련하기 보다는 어루만지고 치료해주고 쫓아다니기에 급급한 사모였던 제가 모셀 모임의 깊은 나눔을 통해 성도들과 코이노니아를 이루어 가며 영성과 인간관가 함께 성장해감을 체험할 수 있었습니다.

모셀을 구성한 후 채 두 달이 지나지 않았을 때, 사역의 분주함 속에서 위염이 심해져 2주간이 넘도록 식사를 제대로 하지 못하는 일이 생겼습니다. 늘 교인들에게 목사님이나 교회를 위해서 중보기도 할 것을 요청하였지만 처음으로 나를 위해서 기도해 달라고 모셀에서 기도제목을 내어 놓았습니다. 눈물로 통곡하는 기도의 시간이 되었습니다.

나를 걱정하는 교회 평신도 리더들의 마음과 사랑이 온 몸을 감싸고 적셔서 하나님의 보좌를 흔드는 은혜의 시간이었습니다.

그날 제 자신 치유를 경험한 것은 두말할 필요도 없습니다.

2007년 7월 사역갱신훈련의 과정으로 중도에 갔을 때 일입니다.

교회를 출발할 때 여성 모셀의 한 집사님이 허리가 심하게 아파 출근도 못한 채 누워있다는 연락을 받았습니다.

주님을 위해 아름답게 헌신하는 착한 집사님이셨고 그분이 가정을 위해 꼭 일하지 않으면 안 되는 그런 처지의 성도였습니다.

일정 내내 그 집사님이 마음에서 떠나지 않았습니다.

새벽예배 때 그분을 위해 간절히 기도했습니다.

그 여 집사님의 고단함, 아픔, 처한 상황들에 대해서 애통해 하며 한참을 울며 기도하는데 마음속에 주님의 음성이 들려왔습니다.

"너보다 내가 더 그를 사랑한단다" 치유하실 주님에 대한 확신이 들었습니다.

베드로처럼 성격 급한 저는 그 새벽 즉시 여 집사님께 문자를 날렸습니다.

"주님께서 고치신답니다"

5분후

"아멘" 이라는 답신!

그 순간 그분 역시 주일 낮에 목사님께서 설교하신 말씀 - 주님을 소망하며 믿음으로 화답하는 자의 복-을 기억하며 육신의 고통가운데서도 '아멘' 이라고 말하셨답니다.

그날 밤 여 집사님은 허리의 치유를 체험하고 기쁜 마음으로 다음날부터 출근하게 되었습니다.

함께 삶을 나누며 서로의 아픔을 깊이 이해하게 된 모셀 맴버들의 코이노니아를 통해 주님께서 공간을 넘어선 치유의 사건을 경험케 하신 것입니다.

매주 목요일마다 모셀에 모여 예수님을 자랑하고 그분이 우리들 삶 가운데 하신 일을 고백하며 기대감으로 가슴이 뜁니다.

보이지 않게 가로놓여있던 성격, 나이, 학력, 생각의 벽들을 차츰 차츰 허물어 가며 우리가 아무리 달라도, 우리가 아무리 연약해도, 주님과 함께 모여 찬양과 기도와 말씀으로 가득 채울 때 우리가 모인 그곳이 천국임을, 우리의 부족함이 서로 모여 주님의 사역을 온전히 감당 할 수 있는 강한 무기가 됨을 경험하였습니다.

가정과 교회의 기도제목들이 수많은 우리의 기도외침 속에 응답되었습니다.

아침과 밤…… 두 번의 깊은 묵상과 밤 기도를 통해 목사님의 강단은 주님의 축복의 통로가 되고 있고 그 말씀을 적용하며 애쓰다 모인 셀 모임의 자리는 은혜와 사랑을 나누는 감격의 자리가 되고 있습니다.

교회전체가 성령의 임재를 경험하는 공동체로서 형제가 연합하여 합심 중보 함으로 육체의 질병들을 고치고 내적인 상처들을 어루만지며 새 생명을 품고 출산하는 다양한 기쁨들을 더 빈번히 누리게 되었습니다.

우리교회의 사역갱신 또는 셀 교회로의 목회전환이 어느 만큼 이루어질지는 아직은 잘 모르겠습니다.

하지만 한 가지…… 모셀을 시작으로 3대 비전(셀 번식을 이루는 말로 모셀을 근간으로 자셀과 손셀의 삼대를 이루는 비전)을 이루어 가는 동안 주님으로부터 받은 목양 사명을 잘 감당하며 아름다운 코이노니아를 통해 번성해 가는…… 그래서 주님이 참 기뻐하시는 행복하고 건강한 교회를 만들어 갈 것을 조심스럽게 확신해 봅니다.

2. 코이노니아 공동체인 교회

사도행전에 보고된 초대교회는 코이노니아가 살아 있는 공동체였습니다.

초대교회 성도들은 성령 받은 공동체가 되자 자연스럽게 삶을 나누는 사랑의 공동체가 되었습니다.

성령 안에서 사랑으로 삶을 공유하는 공동체가 되었습니다.

1) 삶의 공유 경험

말씀을 공유하고, 교제를 공유하고, 기사와 표적도 공유하고, 기도를 공유하고, 필요를 서로 채우는 필요공유의 경험에다가 재산을 공유하고, 찬미를 공유하고, 식탁을 공유하는 그야말로 성령 안에서 사랑으로 하나 된 공동체 경험이 일어났던 것입니다.

행 2:42, 저희가 사도의 가르침을 받아 서로 교제하며 떡을 떼며 기도하기
　　를 전혀 힘쓰니라
43, 사람마다 두려워하는데 사도들로 인하여 기사와 표적이 많이 나타나니
44, 믿는 사람이 다 함께 있어 모든 물건을 서로 통용하고
45, 또 재산과 소유를 팔아 각 사람의 필요를 따라 나눠 주고
46, 날마다 마음을 같이 하여 성전에 모이기를 힘쓰고 집에서 떡을 떼며 기
　　쁨과 순전한 마음으로 음식을 먹고
47, 하나님을 찬미하며 또 온 백성에게 칭송을 받으니 주께서 구원받는 사
　　람을 날마다 더하게 하시니라

바울 사도는 이러한 교회를 몸의 원리로 설명했습니다.
지체가 많으나 한 몸으로 살아가는 것이 교회입니다.

고전 12:26, 만일 한 지체가 고통을 받으면 모든 지체도 함께 고통을 받고
　　한 지체가 영광을 얻으면 모든 지체도 함께 즐거워하나니
27, 너희는 그리스도의 몸이요 지체의 각 부분이라

서로의 고통과 기쁨을 나누는 몸 된 공동체를 경험적으로 이루는 곳이 교회입니다.
또 다른 성경에서 교회를 하나님을 한 아버지로 모신 가족으로 묘사했듯이 교회는 영적 가족을 이루는 공동체입니다.
리더는 가르치는 선생으로서가 아닌, 아비의 마음으로 지체들을 돌보는 자이며, 모든 지체는 서로 사랑하며 삶을 나누며 공유하는 영적 가족 공동체가 교회입니다.
이러한 공동체를 이루고 경험하고 누리려는 것이 교회의 성격입니다.
혈통적 형제보다도 교회의 지체간의 관계가 더욱 긴밀하고 끈끈한 사

랑을 경험하는 가족 공동체인 것입니다.

엡 2:19, 그러므로 이제부터 너희가 외인도 아니요 손도 아니요 오직 성도들과 동일한 시민이요 하나님의 권속이라

예수님은 이러한 가족 공동체를 원하고 비전으로 가지고 계셨습니다.

마 12:50, 누구든지 하늘에 계신 내 아버지의 뜻대로 하는 자가 내 형제요 자매요 모친이니라 하시더라

영적으로 이루어지는 가족 공동체가 교회요 바로 이것을 경험하는 공동체가 교회의 소그룹 모임입니다.

2) 코이노니아를 위한 교회의 구조 이해

예루살렘 교회가 삶의 공유 경험이 이루어지는 교회로서 코이노니아 공동체로서의 교회를 보여 주는데 거기 참고할 교회 구조 이야기가 있습니다.

예루살렘 교회는 두 구조로 살아 움직이고 있었습니다.

하나는 '성전에 모이기를 힘쓰는' 큰 구조와 '집에서 떡을 떼는' 구조인 작은 구조가 그것입니다.

코이노니아 공동체가 잘 경험 되기 위해서는 큰 구조에서 함께 모여 하나님을 예배하는 구조도 살아야 하지만 동시에 집에서 교제하는 작은 구조가 살아야 합니다.

친교는 작은 구조에서 훨씬 구체적으로 경험되기 때문입니다.

셀 교회 전문가 중 한 사람인 빌 벡헴은 그의 책 "제2의 종교개혁"이란 책에서 초대교회는 비유컨대 "두 날개로 비상하는 교회"라고 비유하였습니다.

두 날개, 그 하나는 온 회중이 함께 모여 하나님을 예배하는 가운데 하

나님의 영광스러움을 체험하는 교회를 의미하며 다른 하나의 날개는 코이노니아 즉 사랑과 성령으로 하나되어 삶을 공유하는 소 그룹 가족 공동체를 의미합니다.

해 아래 새 것은 없다고 성경은 말씀하십니다.

우리도 새 것을 만들어 내려는 것이 아닙니다.

하나님이 최초로 세우신 이상적인 교회 즉 초대 교회의 모습을 회복하려는 것입니다.

우리는 사도행전에서 최초로 세워진 초대 교회의 모습을 볼 수 있습니다.

그리고 이 초대 교회가 벽헴의 말을 빌려 바로 두 날개로 비상하는 교회였다는 것입니다.

(1) 성전 모임

성령 받은 공동체가 된 초대교회는 성전에 모이기를 힘썼습니다.

성전에 왜 모입니까? 하나님을 예배하기 위하여 모입니다.

구원의 주님을 찬양하기 위하여 모입니다.

3천명이든 4천명이든 모일 수 있는 대로 모여서 성령이 충만한 가운데 감격하여 하나님을 찬양하고 예배하는 모습을 상상해 보십시오.

초대교회 성도들은 성전에 예배하러 모이기를 힘썼다는 것입니다.

우리도 온 성도가 성전에 모이기를 힘쓰고 모여서 감격스럽게 하나님을 예배하는 교회가 되도록 해야겠습니다.

교회 성장은 큰 구조, 성전 모임, 예배의 감격을 살리는 것을 전제로 합니다.

큰 구조로서의 예배가 갱신되어 신령과 진리로 예배하며 살아 있는 예배, 역동적인 예배, 감격이 있는 예배, 성령 충만한 예배가 되어야 합니다.

(2) 가정 모임

초대교회는 성전 모임, 예배 모임으로만 이루어진 것이 아니라 더 기본적인 삶의 단위로서 가정 모임 즉 소그룹 모임을 갖고 있었습니다.

집에서 떡을 떼며 교제 했다는 것입니다.

교제는 찬송과 말씀과 기도를 공유할 뿐 아니라 함께 식탁을 공유하여 나누며 물건을 통용하며 소유를 나누는 그야말로 확대된 가족 공동체, 하나된 사랑의 공동체, 삶을 나누며 공유하는 공동체를 이루고 있었다는 것입니다.

그런데 오늘날 깨닫고 보건대 이 두 날개 중 한쪽 날개가 떨어져 있어서 건강한 교회를 이루지 못하고 있습니다.

건강한 두 날개로 세계 비전을 향하여 비상해야 하는데 그렇지 못한 교회가 되었습니다.

대부분의 교회가 성전 모임 즉 예배는 가지고 있으나 작은 소그룹 모임, 가정 모임은 거의 상실했습니다.

한국교회는 구역이라는 이름으로 작은 모임을 가지고 있기는 하나 그 모임이 현상 유지를 위한 모임으로 유지되고 있을 뿐 생명과 참된 코이노니아와 사랑의 가족 경험과 번식이 경험 되지 못하는 형태로 남아 있습니다.

그래서 교회는 이 가정 모임을 살려서 코이노니아 공동체로서 세포번식을 하는 살아 있는 공동체로 회복하자는 것입니다.

사실 초대교회의 모습을 보면 가정모임, 셀 모임이 교회로서의 본질을 가지고 이 셀 형태의 교회, 가정교회의 형태가 기본 교회의 모습이었다고 볼 수 있습니다.

셀 교회는 초대 교회의 기본적 교회의 구조요, 형태였습니다.

(3) 가정교회 형태의 초대교회들

초대 교회는 커다란 건물도, 복잡한 성직 제도도, 체계적인 예배 순서도 없었지만 작은 단위의 가정 모임에서 하나님을 찬미하고 예배하고 함께 말씀을 나누고 함께 기도하고 함께 사랑을 나누며 함께 사는 교회 즉 셀 교회 가정교회였던 것입니다.

신약성경의 예를 보면 초기에는 가정교회가 교회로서 존재하고 번식해 나갔던 것입니다.

- 행 12:12, 깨닫고 마가라 하는 요한의 어머니 마리아의 집에 가니 여러 사람이 모여 기도하더라
- 행 16:40, 두 사람이 옥에서 나가 루디아의 집에 들어가서 형제들을 만나보고 위로하고 가니라
- 고전 16:19, 아시아의 교회들이 너희에게 문안하고 아굴라와 브리스가와 및 그 집에 있는 교회가 주 안에서 너희에게 간절히 문안하고
- 골 4:15, 라오디게아에 있는 형제들과 눔바와 그 여자의 집에 있는 교회에 문안하고
- 몬 1:2, 자매 압비아와 및 우리와 함께 군사 된 아킵보와 네 집에 있는 교회에게 편지하노니

대부분의 교회가 가정교회의 형태, 작은 모임의 형태로 성장하고 있었고 대형교회였던 예루살렘 교회도 큰 구조의 성전 모임에다가 작은 구조의 가정 모임, 소그룹 모임으로 살아 있었다는 것은 소그룹 모임이 교회의 본질적인 구조를 이루고 있었다는 것을 의미 합니다.

필자는 중국에 있는 가정교회 지도자들에게 처음 강의하는 중에 한국 교회가 교회를 개척하려면 상당한 돈이 필요하다는 이야기를 한 적이 있습니다. 땅을 사고 예배당 건물을 짓고 해야 하기 때문이지요.

그런데 그 이야기를 하는 동안 중국 가정교회 지도자들은 전혀 이해할 수 없다는 반응이었습니다.

알고 보니 중국에서는 교회 개척하는 데 돈이 들지 않습니다.

땅을 살 것도 없고 건물을 지을 것도 없습니다.

가정에서 전도하고 가정에서 모이고 가정에서 예배하고 가정에서 교육하고 가정에서 사랑하며 삶을 나누기 때문입니다.

중국이 문화혁명 당시 그리스도인이 약 50만 명 이었습니다.

문화혁명 기간 동안에 기독교를 포함한 모든 종교를 말살하는 정책을 했기 때문에 중국교회가 망하는 줄 알았습니다.

그런데 도리어 중국교회는 그 어느 때보다도 성장했습니다.

1억이 넘는 신자를 갖게 된 것입니다.

이것은 공인되어 예배당을 가지고 모이는 삼자 교회에 의한 것이 아니라 지하로 숨어 들어간 가정교회가 셀 교회 형태로 번져 나간 것이며 도리어 순수한 교회의 본질로 돌아가 생명력을 발휘하게 된 것입니다.

그런데 이 생명적 구조인 작은 교회, 가정 교회 구조의 한 쪽 날개가 오늘날의 교회에서 부러져 나갔거나 건강하지 못하다는 것이 얼마나 큰 손실인가 하는 것을 깨닫게 됩니다.

언제부터 교회가 이 날개를 잃어 버렸습니까?

로마 시대에 콘스탄틴 대제가 313년에 기독교를 국교로 공인하여 선포한 때부터 잃어 버리게 된 것입니다.

기독교가 공인 되자 가정에서 모이는 대신 공공 장소에서 모이게 되고 성전을 짓고 커다란 축제로 모였습니다.

그러나 그 결과 점점 축제의 감격도 잃어버리고, 전도할 필요도 잃어버리고, 성직자를 세워 교회 일을 하게 하고 신자들은 구경꾼이 되고 주중 모임 대신에 주일에 미사를 드리는 것으로 신앙생활이 대치 되었습니다.

이 때부터 가정 교회 구조는 사라지고 성전 예배만 남게 된 것이며 성직자만 사역하고 평신도는 구경꾼이 된 것입니다.

이제 우리가 소그룹 교회 구조를 다시 강조하는 것은 잃어버린 한 쪽 날개를 회복하여 건강한 교회로 비상하며 세계비전을 성취하는 능력 있는 교회로 가기 위해서 입니다.

우선 사도행전에 나오는 예루살렘 교회를 다시 한 번 보십시오.

작은 단위의 가정 모임에서 온전한 코이노니아, 친교를 누리며 서로 사랑하여 사는 공동체적 삶이 경험 되고 있었고 그것이 초대교회의 능력이기도 했습니다.

거기서 상처 받은 사람들이 위로 받고 힘을 얻고, 거기서 서로 삶을 나누고 사랑하며 하나님의 임재를 함께 체험하며 기적과 치유를 공유하였습니다.

작은 구조의 모임 속에서 온전한 코이노니아가 훨씬 많이 경험 되어져서 교회의 본질이 살아나게 됨으로 교회는 생동감 있는, 능력 있는 교회가 되고 증인 공동체가 되고 선교 공동체가 되기도 했던 것입니다.

교회의 본질로서의 코이노니아를 회복하기 위하여 코이노니아 공동체로서의 소 그룹 날개가 회복될 필요가 있는 것입니다.

3. 코이노니아 공동체 만드는 길

코이노니아의 회복을 위하여 우리가 우선 소그룹 구조를 살려야 할 필요를 느낍니다.

소그룹 모임은 코이노니아 경험을 본질로 하는 모임이어야 합니다.

코이노니아 경험이 일어나는 원리를 살펴 보도록 합시다.

구역이라 부르든 목장이라 부르든 가정이라 부르든 우선 소수의 그룹 모임을 전제로 합니다.

1) 삶을 나누며

교회의 소그룹은 삶을 나누는 모임으로 만들어가야 합니다.

우리가 그동안 가져왔던 구역은 대체로 관리를 위한 모임이었습니다.

소그룹으로 모이도록 한 것 까지는 좋았는데 코이노니아를 살리는 원리에 소홀했던 것이 사실인 것 같습니다.

전통적인 구역 모임이 코이노니아를 살리지 못한 원인이 서너 가지로 보입니다.

(1) 예배의 연장인가?

첫째는 구역 모임의 성격을 예배모임으로 했다는 점입니다.

소그룹 모임에서 예배를 제쳐 놓아서는 안됩니다.

그러나 소그룹 모임이 예배 중심의 모임이 되는 것은 바람직하지 않습니다.

구역에 모여서도 주일 아침 예배와 똑같이 묵도, 찬송, 기도, 설교, 헌금, 주기도, 이렇게 짜여진 예배 모임으로 하고 친교는 예배 후에 차 마시면서 이루어지는 피상적인 친교로 끝나기 때문에 진정한 코이노니아를 경험할 수 없었던 것입니다.

소그룹 모임은 예배 중심이 아니라 친교 중심, 코이노니아 중심으로 모이는 편이 좋습니다.

예배가 포함된 삶의 나눔을 소그룹 모임의 성격으로 정하는 것이지요.

그러기 위해서는 모임의 형태와 방식도 좀 바꾸어야 할 필요가 있습니다.

이에 대하여는 소그룹 모임 인도법에서 자세히 다루도록 합니다.

하여튼 소그룹 모임은 예배 중심보다는 나눔 중심, 코이노니아 중심으로 가야 합니다.

삶을 나누는 방식으로 소그룹 모임이 진행된 많은 셀 교회에서 경험하는 일 중 하나가 혹시 주일 대 예배는 출장 가서 다른 교회서 예배 드리는 경우가 있다 할지라도 소그룹 셀 모임에는 빠지지 않으려고 출장 계획을 조정하고 꼭 참석한다는 것입니다.

이것을 대 예배는 소홀히 하고 소그룹 모임만 중시하는 것으로 부정적으로 해석할 일이 아닙니다.

그만큼 소그룹 모임이 행복해지니 스스로 무슨 수를 써서도 거기 모이려 한다는 것이지요.

구역 모임이 지루해 지고 구역장이나 목자가 매일 심방하고 달달 볶아서 출석하게 하는 것과는 차원이 달라지게 됩니다.

코이노니아를 경험하면 그 원리에서 본 것처럼 그것이 인간의 삶의 본질이고 교회 영성의 본질이기 때문에 기쁘고 행복하다는 것이지요.

(2) 갈라놓으면 성장한다?

두 번째 오류는 일반 전통적 구역운영의 경우 대체로 연말이 되면 새해의 구역을 편성하면서 코이노니아의 원리를 무시한 채 통폐합하고 나눈다는 것입니다.

구역원들의 의지와 상관 없이 합치고 나누고 하는 동안 1년 지나면서 신뢰가 생겨 마음을 나눌만하면 다른 사람이 새로이 편성되어 들어오고 또 교제가 열리던 사람은 다른 구역으로 가기도 하여 교제의 단절이 일어나므로 진정한 코이노니아를 이루지도 누리지도 못한다는 것입니다.

그러지 않아도 예배만 드리다 보니 마음 열고 서로의 사정을 나누고 사랑하고 하는 경험이 적은데 그나마 해마다 갈리고 잘리고 하는 바람에 더욱 피상적 만남이 되어 간다는 것이지요.

소그룹 모임은 자연스럽게 성장하며 그들이 나눌 준비가 되었을 때 나누어야지 연말이면 강제적으로 나누고 붙이고 하는 방식은 코이노니아를 위하여 좋지 않습니다.

(3) 동질 그룹이면 어떨까?

세 번째로 고려해야 할 사항은 구역 또는 목장의 편성방식입니다.

우리의 전통적 구역은 대체로 지역을 중심으로 편성합니다.

이는 교통이 발달하지 않은 시골 지역에서는 어차피 지역 중심으로 편성하는 것이 현실적이었을 것입니다.

그러나 도시화 되고 마이카 시대가 된 지금은 반드시 지역 중심으로 편성할 필요가 적어졌습니다.

대부분의 교회 성장학자들은 공감하기를 교회나 소그룹은 동질 그룹이 되는 것이 훨씬 빠르게 가까워지고 다이나믹하며 성장이 빠르다는 것을 발견했습니다.

서로의 관심사가 같거나 비슷한 연령이어서 경험하는 것들이 비슷한 사람끼리 만나야 좋다는 것이지요.

그리고 더 깊은 나눔과 이해를 위하여 남성은 남성끼리 여성은 여성끼리 소그룹을 형성하는 것이 좋다는 점도 공감하는 것 같습니다.

당장 지역 중심의 구역을 사람 중심의 소그룹으로 바꿀 필요는 없지만 가능한 한 지역 중심의 편성 방식을 고집하기 보다는 사람 중심의 편성으로 바꾸는 것이 소그룹의 역동성과 성장에 도움이 될 것이라는 점을 말하고 싶습니다.

구체적인 적용에 대하여는 다음에 다시 나누기로 합니다만 사람 중심의 소그룹 편성이 효과적입니다.

2) 코이노니아공동체 ABC

온전한 코이노니아를 경험하기 위해서는 소그룹 지체들이 서로 마음을 열고 진심으로 서로에게 자신을 나눌 수 있어야 합니다.

서로 있는 그대로 받아주어야 합니다.

장점뿐 아니라 약점도 그대로 받아 주어야 합니다.

골로새서의 말씀에서 이 원리를 터득하고 적용해 보기로 합니다.

골 3:12, 그러므로 너희는 하나님의 택하신 거룩하고 사랑하신 자처럼 긍휼과 자비와 겸손과 온유와 오래 참음을 옷 입고
13, 누가 뉘게 혐의가 있거든 서로 용납하여 피차 용서하되 주께서 너희를 용서하신 것과 같이 너희도 그리하고
14, 이 모든 것 위에 사랑을 더하라 이는 온전하게 매는 띠니라
15, 그리스도의 평강이 너희 마음을 주장하게 하라 평강을 위하여 너희가 한 몸으로 부르심을 받았나니 또한 너희는 감사하는 자가 되라

A) Accept one another(서로 용납하기)

첫째는 서로 용납하는 것입니다.

용납하라는 것은 지체를 있는 그대로 받아 들이라는 것이며 받아서 감싸 주라는 말이 됩니다.

> 롬 15:7, 이러므로 그리스도께서 우리를 받아 하나님께 영광을 돌리심과 같이 너희도 서로 받으라

가정에서는 혹 가족이 잘못이 있어도 있는 그대로 받아 주고 하나되어 살아 갑니다.

만일 가정에서 서로 받아 주지 않는다면 그 가정은 파괴되고 맙니다.

가정에서는, 가족 간에는, 어떤 성격도 어떤 잘못도 받아들여지고 용납되고 용서 되기에 가정입니다.

겸손으로 받으라 합니다.

연약한 부분이 있음을 아는, 자신도 온전치 못하고 받아줌을 필요로 하는 존재임을 아는 것이 겸손입니다.

온유로 받으라 합니다.

어떤 경우라도 있는 그대로 감사함으로 받아 드리는 것이 온유입니다.

사랑으로 받아 주라고 합니다.

사랑은 어떠한 허물도 덮을 수 있는 능력입니다.

그래서 가정에서는 어떤 잘못이라도 받아 주고 용납하고 격려하므로 새로워지게 됩니다.

하나님은 예수 그리스도의 십자가를 두고 우리를 용납하시고 용서하시고 너희도 이렇게 용납하고 용서하여 하나를 이루라고 하십니다.

그런데 가정에서뿐만 아니라 교회에서도 이렇게 서로 받아주고 용납

하는 사랑의 공동체를 이루라는 것입니다.

서로간에 받아 주는 것을 경험할 수 있는 것이 작은 단위의 가족 공동체, 소그룹 교회의 모습이요 실제입니다.

소그룹 모임 안에서는 서로 어떤 생각이라도 나눌 수 있어야 합니다.

자신의 약점이나 죄, 실수도 서로 고백하며 나누고 용서하며 서로 위하여 격려하며 기도할 수 있어야 합니다.

왜냐하면 사랑은 허다한 죄를 덮기 때문입니다.

벧전 4:8, 무엇보다도 열심으로 서로 사랑할지니 사랑은 허다한 죄를 덮느니라

소그룹 안에서는 어떤 고백이라도 받아들여지고 사랑으로 감싸는 분위기가 형성 되어야 합니다.

그리고 고백된 이야기들은 셀 밖으로 나가 회자되지 않게 하는 원칙도 지켜져야 합니다.

소그룹 안에서 고백된 상처들은 치유되고, 약점은 용납되어 서로 보완되며, 실패는 서로 이해되고 격려를 받는 분위기가 만들어져야 합니다.

그렇게 될 때 소그룹 안에서의 모든 멤버는 가식을 벗고 서로의 마음과 삶을 나누는 공동체가 되는 것입니다.

그러나 가면을 벗으라고 강요 하는 곳은 아닙니다.

서로간의 신뢰에 의해서 받아들여지고 치유되고 격려를 주고 받는 곳이 소그룹 공동체 입니다.

서로 용납하는 사랑은 가면을 벗고, 껍질을 깨고, 순수하고도 영적인 사람으로 자신을 드러내며 하나되게 하는 지름길이 되는 것입니다.

계란 열 개를 한 그릇에 담았다고 하나 되는 것이 아닙니다.

계란의 껍질을 깨고 한 그릇에 담아야 하나가 되는 것입니다.

모든 멤버가 자신을 열고 껍질을 깨고 서로 하나되는 공동체, 코이노니아 공동체는 서로 용납 하기로부터 시작됩니다.

우리 주님께서 우리를 있는 그대로 받으시고, 용서하시고, 자녀 삼으신 그 사랑으로 서로 용납하는 것입니다.

잠시 여기서 주의 할 것은 다시 말하거니와 이 같이 껍질을 깨고 고백할 때 하나가 되는 것이 분명하지만 서로가 서로에게 고백하라고 강요해서는 안됩니다.

용납하는 삶을 경험하고 용납하는 분위기가 만들어지면 서로 고백하고 껍질을 깨고 나누고 용납하고 사랑하고 하나되는 것이므로 고백은 강요에 의하여 되는 것이 아니라 용납에 의하여 이루어지는 것이므로 서로가 서로에게 용납하는 신뢰가 이루어져야 합니다.

리더도 예외가 아닙니다.

소그룹 모임의 리더는 가르치는 자로 서는 것이 아니라 섬기는 자로 서며 특히 자신도 연약함을 지닌 존재임을 인정하고 형제들에게 솔직하게 나누면서 서로 열고 서로 받는 분위기를 조성하는 것입니다.

앞의 간증에서 보듯이 사모님이 리더로서 지도자로서 가르치는 자로 서 있을 때는 자신의 약점을 감추고 언제나 어미닭으로 새끼를 품는 마음으로 늘 무거운 짐을 홀로 지는 스타일이어서 홀로 지치고 힘들었고 기쁨도 감격도 없었지만 한 형제 자매로 내려가서 서로 나누고 용납하고 서로 받아 주고 함께 짐을 지는 코이노니아 삶을 경험할 때 모임은 감격으로 사랑을 나누는 공동체로 기쁨도 나누고 슬픔도 나누고, 있는 대로 나누며 서로를 위하여 감싸고 격려하고 치유하는 공동체를 경험하게 되었습니다.

제자훈련을 위한 소그룹이 필요하기도 하지만 진정한 소그룹은 제자

훈련과정이 아니라 삶을 나누는 과정이고 삶을 나누는 것은 리더도 지체도 동일한 형제 자매로 열고 용납하고 사랑하고 격려하고 서로 치유하는 과정입니다.

B) Bear one another's burden(서로의 짐을 지기)

용납도 사랑에서 시작된 것이지만 사랑을 더하라 하십니다.

골 3:14, 이 모든 것 위에 사랑을 더하라 이는 온전하게 매는 띠니라

사랑을 더하라는 말은 사랑으로 용납하라는 것보다 조금 더 적극적인 것을 요구합니다.

있는 그대로 받아 용납하고 하나되는 데서 서로의 부족을 채우고 형제의 아픔을 서로 나누며 형제의 짐을 서로 지는 그러한 사랑, 형제의 모자람이나 약함을 내가 또는 서로가 공동체로 대신 지고 채우고 또 격려하여 세우는 적극적인 사랑이 더해 지는 공동체가 되어야 합니다.

우선 사랑은 지체의 약점이나 죄, 어려움을 함께 지는 것으로 표현될 수 있습니다. 그러므로 우리는 서로의 짐을 더불어 지는 공동체가 되어야 합니다.

갈 6:2, 너희가 짐을 서로 지라 그리하여 그리스도의 법을 성취하라

지체가 실패하면 그 실패의 짐을 서로 짊어지고 극복하는 것입니다.
지체가 죄에 빠졌으면 정죄하는 것이 아니라 용납하고 그 죄 짐을 함께 지고 가며 죄의 극복을 위하여 함께 기도하고 함께 승리합니다.
지체의 약점은 나와 우리의 사랑을 통해 강점으로 바뀌고, 슬픔은 나와 우리의 사랑으로 기쁨으로 바뀌게 되고, 실패는 나와 우리의 사랑으로 승리를 가져 오게 하는 것입니다.

문제는 용납할 뿐 아니라 사랑으로 함께 해결하는 것입니다.

미숙함은 서로의 사랑으로 성숙함을 이루어 가는 것입니다.

그리고 지체들의 삶에 축복이 되는 일은 서로 적극적으로 나누고 돕고 힘을 더하여 나아가는 삶이 되게 합니다.

단순히 모이고 흩어지고가 아니라 모임 속에서 서로 축복할 뿐 아니라 삶 속에서 서로 축복하고 서로 돕고 서로 사랑을 표현합니다.

S교회에 레즈비언이 다른 도시에서 이사 와서 그 교회로 왔는데 아무 목장에서도 그들을 받아 들이지 않으려 하였다고 합니다.

담임목사가 설득하여 믿음과 사랑으로 그들을 받아 주고 사랑으로 변화시키고 해방시켜야 한다는 점을 가르치자 한 목장에서 받아 들이게 되었다는군요.

그 목장에서는 전혀 차별 없이 그들을 받아 주고 더불어 사랑하자 그들 자신이 자신들의 정체를 고백하고 중학교 2학년 때부터 동성애의 강한 욕망에 사로잡혀 이제껏 살아 왔는데 성경을 읽을 때마다 죄책감이 있으나 자신의 힘으로는 벗어날 수 없다는 것을 고백하고 기도 부탁을 하게 되었습니다.

받아주기가 마음 열기를 가져오게 한 것이지요.

그러자 목원들이 적극적으로 합심하여 그들을 위해 기도하게 되었고 마침내 그녀는 레즈비언의 사로잡힘에서 해방되고, 서로 각자 정상적인 여인의 삶으로 돌아오게 되었다고 합니다.

받아주기가 진정한 사랑의 인내를 이룰 때 마음열기가 이루어졌고 사랑으로 그 짐을 공동으로 짊어지자 죄의 문제가 해결 되었습니다.

받아 주고 사랑으로 짐을 지고 해결하는 공동체를 경험한 것이지요.

또 다른 교회에서는 질병을 가지고 있는 형제들을 어찌나 사랑으로 기도하는지 그 교회의 소그룹에서는 병든 자는 다 치유되는 경험이 이루어지고 있다는 간증입니다.

서로의 짐을 지는 공동체는 짐이 해결되는 것도 경험하게 됩니다.

C) Communalize life one another(한 몸으로 살아가기)

용납하고 사랑하므로 결국엔 평화가 깃드는 공동체가 되게 하라는 것입니다. 본문에 평강 또는 평안이라고 번역된 말은 평화 또는 화목을 의미하는 말입니다.

헬라어 에이레네는 우리 성경에 화해, 화목, 평화, 화평, 평강, 평안 등으로 번역되지만 여기서 화해되고 하나된 관계를 의미하는 말로서 코이노니아를 이룬 하나된 화평의 관계를 말합니다.

하나된 화평의 관계를 온전히 이루고 지키라는 것입니다.

그래서 한 몸을 이루라는 것입니다.

한 몸을 이루어 사는 공동체 삶을 공유하는 공동체가 진정한 교회 공동체이며 코이노니아 공동체 입니다.

그리고 그것이 진정한 코이노니아 영성을 이루는 것입니다.

평안의 매는 줄로 성령의 하나 되게 하신 것을 힘써 지키라

평강이 너희 마음을 주장하게 하라

평강을 위하여 너희가 한 몸으로 부르심을 받았나니

하나님이 원하시는 것은 하나된 코이노니아 공동체로 살아가는 인간상이요, 하나 되어 화평의 관계를 이룬 공동체이기에 용납과 사랑과 화평으로 하나되라는 것입니다.

공동체적 삶을 이루고 서로 하나가 되는 것입니다.

따로 따로 살아가는 삶이 아니라 더불어 사는 것입니다.

바디 라이프 몸 된 공동체의 삶이 되라는 것입니다.

한 지체가 고통을 받으면 함께 아파하고 한 지체가 영광을 얻으면 함께 기뻐하는 공동체적 삶을 이루는 것입니다.

고전, 12:26 만일 한 지체가 고통을 받으면 모든 지체도 함께 고통을 받고 한 지체가 영광을 얻으면 모든 지체도 함께 즐거워하나니

그리하여 삶의 공유 경험이 이루어지게 하는 것입니다.

평강은 다투지 않는 것만 의미하는 것이 아니라 성령의 하나되게 하심을 이루는 것이요, 한 몸으로 부르심을 입은 바를 성취하는 몸 된 공동체 삶을 공유하는 적극적인 공동체를 의미하는 것입니다.

초대교회는 그것을 이루었고 그렇게 되었던 것을 사도행전은 증거합니다.

행 2:42, 저희가 사도의 가르침을 받아 서로 교제하며 떡을 떼며 기도하기를 전혀 힘쓰니라

43, 사람마다 두려워하는데 사도들로 인하여 기사와 표적이 많이 나타나니

44, 믿는 사람이 다 함께 있어 모든 물건을 서로 통용하고

45, 또 재산과 소유를 팔아 각 사람의 필요를 따라 나눠 주고

46, 날마다 마음을 같이 하여 성전에 모이기를 힘쓰고 집에서 떡을 떼며 기쁨과 순전한 마음으로 음식을 먹고

47, 하나님을 찬미하며 또 온 백성에게 칭송을 받으니 주께서 구원받는 사람을 날마다 더하게 하시니라

우리가 소그룹 교회에 관심을 두는 것은 이렇게 교회의 본질로서의 코이노니아, 삶을 공유하는 하나님의 가족 공동체를 경험하고 실현하려는 것입니다.

사람은 혼자 살게 되어 있지 않습니다.

사람은 더불어 살게 되어 있습니다.

온전한 인간의 영성은 하나님과 하나 되고 서로간에 하나가 될 때 이루어지게 되어 있습니다.

우리 훈련원에서는 교회 공동체에 비하여 빈약할 수도 있기는 하겠지만 코이노니아를 경험하도록 이끌고 지도합니다.

그리고 코이노니아 경험이 이루어집니다.

하나만 더 예를 든다면 이런 일도 있었습니다.

어느 달인가 3박 4일의 훈련이 끝났는데 한 조가 캠퍼스를 떠나지 못하고 있었습니다.

조원 중 한 사람이 자동차 키를 잃어버렸다는 것입니다. 그래서 어찌어찌 하여 앞문을 열기는 하였으나 차 안에도 키는 없었답니다.

자 보세요, 우선 조원 중 한 사람이 문제가 생겨서 캠퍼스를 떠나지 못하니까 그 조원 전체가 떠나지 못하고 있습니다.

이것이 일단 코이노니아 경험이 일어나고 있는 것입니다.

한 사람의 문제가 전체 공동체의 문제가 된 것입니다.

그 다음 이 이야기가 어떻게 진행되는 가를 보십시오.

아무리 찾아도 자동차 키를 찾을 수 없게 되자 저들은 이제 차를 둘러서서 함께 기도하였답니다.

함께 기도하는 것입니다.

이것은 신앙공동체로 수직적 코이노니아 즉 주님과 함께 하는 코이노니아 경험의 지름길입니다.

함께 기도하게 되었다는 것은 대단히 중요한 코이노니아 경험입니다.

뭐라고 기도한지 아십니까?

키가 어디 있는지 가르쳐 달라고 기도하였답니다.

어린 아이 같은 믿음으로 하나가 된 것입니다.

어린아이같이 주님을 의지하는 공동의 신앙은 온전한 코이노니아 주님과의 코이노니아를 위해 중요한 포인트이지요.

그래서 어찌 된지 아십니까?

기도하는 중에 조원 목사님 한 분에게 영감이 임했다는 것입니다.

키는 자동차 트렁크 안에 떨어져 있다는 영감을 받았습니다.

기도를 끝낸 그들은 트렁크 안에서 키를 찾게 되었습니다.

공동체가 기도하고, 공동체가 응답 받는 경험을 통하여 공동체 안에 오신 주님을 함께 경험함으로 코이노니아 경험이 이루어졌습니다. 그래서 그들은 모두 기뻐하며 주님을 찬양하고 각기 집으로 돌아갔습니다.

이러한 코이노니아 경험은 우리를 행복하게 합니다.

이 행복이 진정한 행복인 것이지요.

어떤 사람의 경우는 혼자 있는 것이 편할 수도 있긴 합니다.

그러나 이는 상처 받은 인성이 혼자 있는 습관으로 만들어지다 보니 당분간 그것이 더 편하고 익숙할 뿐이고 진정한 코이노니아를 경험하게 되면 코이노니아 삶이 훨씬 행복하고 기쁨이 있습니다.

코이노니아 공동체를 이루고 나누고 누리는 것을 소그룹 모임의 목표로, 성격으로 규정지어야 합니다.

이를 위하여 우리 서로 지체간에 다짐도 필요합니다.

가장 중요한 것은 우리 공동체에 성령님이 함께 하시는 것이지요.

그 다음에는 우리 지체들이 서로서로 사랑하는 것입니다.

우리는 지체들이 서로 사랑하고 서로 하나되기 위하여 다음과 같은 셀 지체의 다짐을 함께 해야 할 것입니다.

아래의 소그룹 지체의 십계명을 모일 때마다 복창할 수도 있을 것입니다.

3) 소 그룹 지체의 다짐(소그룹 지체의 십계명)

우리는 예수님의 피로 이루어진 형제 자매임을 믿습니다.
우리는 예수님의 사랑으로 서로 용납합니다.
우리는 서로 고백한 내용을 셀 밖에서 말하지 않습니다.
우리는 형제의 기쁨도 아픔도 함께 합니다.
우리는 사랑함으로 서로 세워 주며 함께 성장합니다.
우리는 사랑함으로 서로의 짐을 함께 지고 갑니다
우리는 사랑함으로 하나되어 주님을 섬깁니다
우리는 서로를 위하여 진심으로 기도합니다.
우리는 힘을 합하여 영혼 구원에 헌신합니다
우리는 힘을 합하여 선교하고 봉사합니다

ID

코이노니아 소그룹 인도법

교회의 코이노니아 원리와 코이노니아 소그룹의 성격을 이해하였으면 이제 소그룹을 이루는 노력을 기울여야 합니다.

우선 소그룹 모임이 달라져야 합니다. 묵도, 기원, 찬송, 기도, 설교, 헌금, 찬송, 주기도로 행해지는 또 하나의 예배형식의 모임이 아니라 주로 나누는 모임이 되어야 하겠지요. 하나 되어 전도하고 번식하고 사랑하는 소그룹이 되기 위해서는 소그룹 모임 형태도 달라져야 합니다.

코이노니아를 이루는 소그룹 모임 인도법을 다루어 보겠습니다.

1. 모임 주기

소그룹 모임은 어느 정도 자주 모여야 하는가?

소그룹 모임은 기본적으로 1주에 한 차례 모입니다.

멤버 전원이 함께 하기가 가장 편한 날과 시간을 정하고 가능하면 정해진 요일, 정해진 시간에 모이도록 해야 합니다.

정해진 요일 정해진 시간은 원칙적으로 지켜져야 합니다.

자주 요일과 시간을 변경하게 되면 나중에는 느슨해지고 모임이 시들해 질 수 있기 때문에 규칙대로 하고 부득이한 경우에만 예외적으로 요일과 시간을 변경해서라도 모여야 합니다.

2. 모임 장소

소그룹 모임 장소는 어느 곳이든 모이기 편하고 모임 내내 방해 받지 않는 곳이면 됩니다.

멤버들의 집을 돌아가며 모일 수도 있고 한 장소에서 계속 모일 수도 있습니다. 가능하면 지체들 집을 돌아가며 모이는 것이 좋고 다음에는 멤버 중의 어느 집을 정해 놓고 모이는 것이 대안이고 여의치 않으면 교회 어느 장소를 사용하여 모일 수도 있습니다.

가정 집만큼 소그룹 모임에 좋은 곳은 없습니다.

3. 모임 준비

리더는 1주 내내 소그룹 멤버와 소그룹 모임을 위하여 기도하며 준비합니다.

소그룹 멤버들도 서로를 위하여 1주 내내 기도하게 합니다.

소그룹 모임은 분주하게 살다가 덜렁 덜렁 모이면 자동적으로 은혜 받고 자동적으로 성장한다고 생각하면 안됩니다.

준비하는 마음으로 기도하며 특히 성령께서 함께 하시고 운행하시고 다스리시고 이끌어 주시기를 기도해야 합니다.

모임 중에 악한 영의 접근을 금지하고 하나님의 임재를 구하는 기도를 해야 합니다.

모임 중에는 사람들만 모이면 안되고 반드시 성령님도 함께 오셔야 하는 것입니다.

리더는 특히 모임을 어떻게 이끌어야 할 지를 생각하며 하나님께 여쭙고 영감을 구하며 기도해야 합니다.

이때 모임에서 사용할 질문은 어떻게 하고 어떤 목표를 가지고 어떤 분위기로 이끌 것인가를 구상하며 영감으로 인도 받고 메모하여 둡니다.

모임에서 부를 찬양도 미리 곡을 복사하여 준비합니다.

단 찬양예배 인도를 다른 이에게 맡겼을 경우에는 리더는 찬양 인도자에게 확인하여 준비하게 합니다.

말씀을 나눌 것도 다시 묵상하여 보고 요점을 정리해 두고 적용 질문들을 메모해 둡니다. 말씀 요약을 누구에겐가 맡겼을 경우에는 확인하고 준비하도록 격려합니다.

모임 전체 과정을 그려보면서 정리하고 준비합니다.

그리고 성령으로 충만하도록 기도합니다.

4. 소그룹 모임 진행

소그룹 모임 진행은 4眞 방식으로 합니다.

대부분의 셀 교회들이 사용하고 있는 4W 방식과 같으나 우리나라 한 자말로 바꾸어서 사용하게 되었습니다.

4W 방식이란 Welcome환영, Worship예배, Word말씀, Works사역입니다.

이것을 우리 한자어로 다음과 같이 만들었습니다.

환영이란 말보다 훨씬 깊은 의미의 교제 그것도 진심 즉 마음을 주고받는 교제여야 하기에 진심 교제眞心 交際라는 말을 사용합니다.

진정 예배眞正 禮拜, 신령과 진정한 예배라는 말입니다.

말씀은 진리 학습眞理 學習으로, 사역은 참 정성을 다한 중보기도사역이므로 진성 기도眞誠 祈禱로 사용합니다.

1) 眞心 交際 / 서먹한 분위기를 깨고 부드러운 분위기에서 삶을 나누고 마음을 나누는 과정입니다.
2) 眞正 禮拜 / 하나님께 나아가 그분을 찬양하며 주님의 임재를 경험하는 과정입니다.
3) 眞理 學習 /하나님의 말씀을 나누며 적용점을 나누는 과정입니다
4) 眞誠 祈禱 /영혼 구원을 위하여 중보 기도 사역을 하며 전도 전략을 세우는 과정입니다.

5. 소그룹 모임 진행 설명

1) **진심 교제**眞心 交際에서는 어색한 분위기를 깨고 자연스럽게 마음의 문을 열어 삶을 나누게 하기 위하여 유머나 간단한 게임이나 아이스브레이킹 아이디어를 사용하여 서먹한 분위기를 부드럽게 할 수 있습니다.

그리고 금언과 지체의 다짐을 복창합니다.

▶ 금언제창
• 사람은 비전만큼 살고 기도만큼 이룬다.

- 하나님도 원하시고 나도 원하면 그 일은 이루어진다.
- 긍정적인 생각은 긍정적인 인생을 낳고 긍정적인 말은 긍정적인 역사를 만든다.
- 하나님께 한 영혼이 온 천하보다 귀하다면 영혼구원을 위한 투자보다 값진 것은 없다.
- 사명으로 하는 일엔 불가능이 없다.

금언 제창과 소그룹 지체의 다짐(십계명)은 마치면서 할 수도 있습니다. 그리고는 리더나 리더가 정해주는 사람이 대표 기도로 소그룹 모임을 엽니다.

모임에서 가장 중요한 것은 자신들의 마음을 열고 삶을 나누는 일입니다. 각자 한 주간을 살면서 겪은 주님의 은혜와 축복들과 기도제목을 나누게 합니다.

이 과정은 다음과 같이 세 과정으로 나누게 됩니다.

예수님 자랑하기, 예수님 기대하기, 예수 이름으로 축복하기로 진행합니다.

첫째, 예수님 자랑하기 시간을 갖습니다.

한 주간을 살면서 우리 주님 예수께서 어떻게 각자의 삶에 오셔서 은혜 주시고 복을 주셨는지 간증을 나누는 것입니다.

둘째, 예수님 기대하기 시간을 갖습니다.

쉽게 말하면 기도제목을 나누는 것입니다. 기도제목을 나누면서 단순히 걱정거리나 문젯거리라는 차원으로가 아니라 기대를 가지고 기도하는 기도제목을 나누는 것이며 믿음으로 기도하리라는 것을 표현하고 나누는 것입니다.

셋째, 예수 이름으로 축복하기 시간을 갖습니다.

간증하고 기대하기와 기도제목을 나누다 보면 정말 심각하거나 무거운 짐을 가지고 있는 지체가 보일 수 있습니다.

그러한 경우에는 미루지 말고 축복하여 중보기도를 합니다.

이 과정 중 "예수님 자랑하기"와 "예수님 기대하기"는 각자 동시적으로 말하게 되고 "예수 이름으로 축복하기"는 나누다가 긴급하거나 심각한 경우 즉시 그를 위하여 지체 전체가 축복하여 기도하고, 일반적일 때는 세 사람 정도 나누고 세 사람 묶어서 전체가 축복하여 기도하고 다음 세 사람 또 나누는 방식으로 축복합니다.

그리고 전반적으로 나눈 것이 회개였으면 다시 한번 회개의 기도를, 전반적인 나눔이 감사였으면 다시 한번 감사를 중심으로 주님께 반응하는 기도를 드립니다.

누군가가 대표로 기도할 수도 있고 통성으로 함께 기도할 수도 있습니다.

나눔 시간에는 예수님 자랑하기와 예수님 기대하기를 동시적으로 요령 있게 묶어서 이야기 하게 합니다.

2) **진정 예배** 眞正 禮拜는 리더 혹은 리더가 맡긴 지체가 준비하여 함께 부르기 쉬운 찬양으로 시작하여 20분 정도 진지하게 찬양예배를 드립니다. 하나님의 임재를 사모하고 기대하면서 정성과 마음을 다하여 경배하고 찬양하게 합니다. 이 때 찬양 곡은 모두가 잘 아는 것을 선택할 필요가 있고 리더는 찬양 곡을 미리 복사하여 모든 멤버가 다 가지고 있도록 하고 찬양시간은 끊기는 일이 없도록 찬양에 집중하게 합니다.

찬양집을 공통적인 것으로 가지고 있으면 더욱 좋습니다.

찬양집을 함께 구입하여 사용하기를 권장합니다.

소그룹 안에 찬양 인도에 은사가 있는 멤버가 있으면 그 멤버에게 찬양을 준비하고 인도하게 합니다.

아니면 돌아가면서 준비하고 인도하게 할 수도 있습니다.

소그룹 모임에서는 모든 지체가 능동적으로 적극적으로 참여하게 할수록 좋으므로 리더는 적절히 맡기고 분담하게 하면 좋습니다.

3) 진리 학습眞理 學習은 주일 설교 말씀을 적용하는 일을 나누게 합니다.

혹 소그룹 수준에 따라서는 설교말씀과 더불어 말씀 묵상을 훈련하고 그날의 말씀묵상을 중심으로 나누게 할 수도 있습니다.

그러나 주일 설교말씀을 나누는 것만으로도 충분하다고 생각되며 일관되고 쉽게 하는 것이 번식하는 소그룹을 위하여 좋을 것입니다.

말씀 나누기를 위하여 각 지체는 다음과 같은 말씀과 삶의 연습을 하게 합니다.

(1)받아쓰기/ 주일 설교를 들으며 메모하게 합니다.

설교 전체를 받아쓰기 할 필요는 없습니다. 요점을 메모하게 합니다.

(2)묵상하기/ 설교내용을 일주일 내내 묵상하게 합니다.

매일 아침 일터에 나가면서 메모한 것을 한번 기억하고 묵상하며 어떻게 순종할까 생각하며 살게 합니다.

(3)적용하기/ 말씀을 삶에 옮겨 살고 행하게 합니다.

말씀을 정보나 지식으로 가지고 있는 것은 의미가 없습니다.

삶으로 적용되고 순종 되어야 말씀은 그 능력을 나타내고 축복이 되고 나와 상관이 있는 말씀이 되므로 말씀을 어떻게 삶에 적용하여야 할지 묵상하며 순종하여 살게 합니다.

(4)간증하기/ 모임에서는 위의 것들을 나누며 간증합니다.

인도자는 "지난 주 설교말씀의 요지가 무엇이었지요?." 라는 질문으로 지난 주 설교 말씀을 기억하고 회상하게 인도합니다.

그리고는 그 요지를 한번 정리합니다.

나눔 중에서 나온 대답을 모으며 정리하게 되지요.

예를 들면 "예 지난 주 설교말씀은 요한복음 3장 16절을 본문으로 하여 하나님께서 우리를 사랑하셔서 예수님을 보내시고 대속하셨다는 것과 믿음으로 구원 받고 영생 얻는 것을 말씀 하셨지요."

또는 지체 중 돌아가며 책임을 지고 설교를 들으며 요지를 정리하고 모임 때 그가 요지를 발표하게 할 수 있습니다.

그리고 나서는 적용질문을 합니다.

"그렇다면 이 말씀이 각자의 삶에 어떻게 다가왔고 어떻게 적용되었는지를 나누어 볼까요?"

이렇게 하여 모든 지체가 말씀과 어떤 연관을 가지고 살게 되었는지를 나눕니다.

4) **진성 기도**眞誠 祈禱 사역은 주로 기도 사역입니다.

그리고 전도 사역을 위한 계획을 세우고 기도하는 일입니다.

기도 사역은 전적으로 영혼 구원을 위한 중보 기도가 주 사역입니다.

(1)영혼구원 중보기도- 전체가 함께 영혼 구원을 위한 중보 기도를 합니다.

모임이 시작 되어서 1개월간은 누구를 전도대상자로 정할 것인지를 성령님께 인도 받기 위한 기도를 각자 또 서로 기도하고 1개월이 지나고 태신자가 정해지고 나면 영혼 구원을 위한 중보기도 사역을 행합니다.

한달 동안 기도하며 VIP 태신자와 일반 태신자를 3명씩 정합니다.

태신자는 각자 자기가 알거나 관계가 있거나 이웃 중에서 각자의 오이코스 내에 있는 사람 중에서 3+3명을 정합니다.

한 사람 태신자를 중보하고 전도하기 위하여 태신자 한 사람 각각 전체 가족을 조사하고 함께 기도합니다.

가족 전체의 전도를 위하여 기도하는 것입니다.

가족의 이름, 종교적 배경, 직업과 하는 일 등을 메모해 두고 기도합니다.

태신자 영혼 구원을 위한 전략적 중보기도는 소그룹 지체 전체가 책임적으로 기도합니다.

자기가 정한 사람을 포함하여 7명일 경우라면 21+를 책임지고 기도하는 것입니다. (자세한 것은 소그룹 전도지침을 참조할 것)

(2) 소그룹 모임이 1년 이상 진행되고 전도를 실행하여 자 셀들이 개척되고 하여 영혼 사랑에 대한 뜨거움을 경험할 때 선교사를 위한 중보 기도와 지역 사회의 변화를 위한 기도 사역을 첨가합니다.

한 소그룹이 적어도 한 명의 선교사를 위해 기도의 책임을 감당하게 하며 후원과 격려 사역도 하게 합니다.

이때는 구체적으로 선교사를 정하고 선교사와 연락을 가지면서 기도하는 것입니다.

기도 사역을 진행하면서 소그룹은 구체적인 전도 전략을 논의하고 기도합니다.

- 팁/ 진심 교제 시간이 상당히 길어질 것입니다.

초기에는 길어지더라도 삶을 나누면서 자신을 열고 서로 이해하고 격려하는 것이 절대 필요합니다.

적절히 조절하면서 그러나 가능한 한 모두 나누게 합니다.

그리고 진리학습에서 또 나누게 되려면 시간 운영이 어려워집니다.

그래서 진리학습 에서는 간단히 나누게 합니다.

그러나 성숙해 갈수록 모임 회수가 오래 되면서 교제 시간이 간단해 지도록 인도하고 말씀 시간에 조금 더 의미를 두도록 조정하며 인도할 필요가 있습니다.

그러나 모든 것은 물 흐르듯이 자연스럽게 조절하는 것이 리더의 역할 입니다.

6. 소그룹 모임 마침과 후의 일

기도회가 끝나면 리더는 전체 분위기를 다시 모으고 다음 모임에 대한 것을 확인하고 감사하여 대표 기도를 드리고 마감합니다.

찬양을 드리고 기도하고 마칠 수도 있습니다.

모임이 끝나면 간단한 다과를 나누도록 준비했다가 나누며 교제하고 돌아가게 합니다.

장소를 돌아가며 모일 경우는 집 주인이 다과를 준비하지만 같은 장소에서 모일 때는 다과를 준비할 담당자를 미리 순번을 정하여 준비하게 합니다.

이때 리더는 격의 없는 교제를 통하여 개인적으로 돌봄이 필요한 사람과 대화할 수도 있습니다.

7. 소그룹 모임 후 다음 모임까지

소그룹 모임 후에 다음 모임을 가질 때까지 소그룹 지체들은 서로 문안하는 것을 규칙으로 합니다.

주 중에 적어도 한 사람 이상에게 전화를 하는 것을 규칙으로 합니다.

한 번은 전화를 받아서 서로 문안하고 한 번 이상은 전화를 해서 문안하는데 전화 받은 사람에게 도로 전화를 하는 것이 아니고 전화를 받지 않은 다른 지체에게 전화를 하게 합니다.

이렇게 해도 어떤 경우는 한 사람에게 여러 사람이 전화하는 경우가 생기므로 전화를 두 번 받은 사람은 두 번, 세 번 받은 사람은 세 번 다른 사람에게 전화를 하게 합니다.

그러면 한 사람도 전화 문안을 받지 않은 사람이 없게 됩니다.

전화의 내용은 서로 문안하고, 격려하고, 기도제목을 나누기도 하고 서로 간증을 하기도 합니다.

특히 소그룹 모임에서 기도제목을 내어놓은 것이 응답된 경우는 다음 모임 때까지 기다리지 말고 전화로 모든 지체에게 알려 기쁨을 함께 나누고 주님께 함께 감사하고 영광 돌리게 합니다.

8. 소그룹 리더를 위한 몇 가지 조언

1) 소그룹 리더는 가르치려 하지 말고 섬기려 하십시오.

리더의 기본적인 자세와 역할을 가르치는 자로서가 아니라 섬기는 자로 서야 합니다.

사랑하고 격려하고 섬기는 자로 서야 합니다.

소그룹 모임 안에서는 모두가 주님께, 성령님께 배우며 서로가 서로에게 배우는 것이고 누가 일방적으로 가르치는 관계가 아닙니다.

더불어 배우고 성장합니다.

그러므로 리더의 언어는 우리라는 말을 써야지 여러분 이란 말은 거의 쓸 일이 없습니다.

모두의 관심을 모을 때 여러분 하고 부르는 것 외에는 "여러분은 이렇게 하여야 합니다." 이러한 표현은 쓸 필요가 없습니다.

자신을 포함한 우리가 순종해야 함을 말하십시오. "우리 이렇게 순종합시다." 하는 방식으로 말해야 합니다.

가르치려고는 하지 않지만 지체들이 성장하기를 열망하면서 이끌어야 합니다.

종종 지체가 나눌 때 자신의 어려움이나 실패, 고민이나 외로움을 말하고 나눌 때 "이렇게 하면 되잖아" 또는 "뭘 그런 걸 가지고 고민이야?" 이런 식으로 가르치려 하지 말고 그 연약함을 받아 주면서 동감하면서 함께 극복하려는 모습이 좋습니다.

사실 어려움을 나누는 본인도 몰라서가 아니라 형제들의 동정도 얻고 싶고 격려를 받고 싶은 것이 연약한 인간의 정서인 것입니다.

2) 소그룹 리더는 먼저 하나님과 자신에게 그리고 공동체에게 정직하고 솔직하게 자신을 오픈 할 줄 알아야 합니다.

리더가 자기를 열지 않고 모두 잘하는 체하면서 지체들이 각자를 열 것을 기대할 수 없고 서로 열지 않고는 하나되는 경험을 할 수 없습니다.

리더는 모르는 것은 모른다고 하고 연구하는 자세로 임해야 합니다.

잘못한 일이 있을 때는 잘못했다고 사과하고 교정하며, 실패에 대해서도 정직하게 고백하고 격려를 받으면 됩니다.

소그룹 모임에서는 모두가 서로가 서로에게 열어야 하고 열었을 때는 있는 그대로 인정하고 받아 주고 서로 격려하고 세워 주어야 합니다.

아무도 완전한 사람은 그 모임에 와 있지 않습니다.

서로 격려하여 성장하도록 할 뿐 입니다.

소그룹 모임은 무엇보다도 있는 대로 받아 들이고 서로 세우고 격려하는 것이 축복입니다.

이렇게 되려면 리더가 가면을 쓰면 안됩니다.

서로 솔직하게 열어가고 열린 허물은 서로가 덮어 가는 것입니다.

전체적으로 부덕이 될 만한 일은 굳이 열지 않지만 단순한 자신의 모자람이나 실수나 실패나 영적 좌절감이나 이런 것들은 서로 형제 자매에게 내어 놓고 서로 격려 받고 서로 치유 받게 합니다.

리더는 언제나 지체들보다 우월하게 보여야 할 필요가 없습니다.

우리는 서로 서로 격려하며 서로 세워가는 지체들입니다.

서로의 약점을 함께 극복하며 세워가는 과정입니다.

3) 리더는 지체들이 모두 토론에 참여하고 나눔에 참여하고 서로의 생각과 마음을 나누게 하기 위하여 열린 질문을 사용하고 닫힌 질문은 적게 사용하여야 합니다.

닫힌 질문이란 한 사람이 정답을 말하면 더 이상 말할 것이 없는 질문을 말하고 열린 질문이란 사람마다 다른 대답을 할 수 있는 생각이나 느낌이나 경험을 나눌 수 있는 질문입니다.

"하나님이 아브라함에게 이삭을 바치라 할 때 아브라함은 어떻게 했지요?"

이 질문은 "아브라함은 순종하였습니다." 라고 한 사람이 대답하면 더 이상 말할 것이 없습니다.

이것은 닫힌 질문 입니다. 그러나 " 아브라함의 이야기를 읽고 여러분은 어떤 생각을 하게 되었습니까?"

"이 말씀이 여러분 각자에게 무슨 말씀으로 들려 오던가요?" 이렇게 물으면 각자 느낌과 생각을 말하게 되어 모두가 한마디씩 말 할 수 있게 됩니다. 성경공부 중 처음 정보로서의 성경 지식을 정리할 때는 닫힌 질문을 할 수 있습니다.

그러나 소그룹 모임에서 중요한 것은 각자가 말씀에 응답하고 적용하고 순종하는 것이 중요하기 때문에 열린 질문으로 토론하고 나누고 고백하고 다짐하게 하는 것이 중요합니다.

4) 리더는 자신이 말하기 보다는 지체들이 말하게 하는 역할을 수행해야 합니다.

지체 전원이 골고루 토론에 참여하고 나눔에 참여하고 자신을 열고 나누고 서로 격려하게 인도하여야 합니다.

이를 위하여 리더가 말을 다하지 말고 토론을 이끄는 자로 있어야 합니다.

자꾸만 설교하려 들어서는 안 됩니다.

또한 이야기를 독점하려는 사람을 적절히 다루어 절제 시키고 말을 시키기 전에는 안 하는 사람은 말을 하도록 지목하여 말을 시켜야 합니다.

그러나 말을 독점하는 사람이라고 무조건 끊어서 상처가 되지 않게 하여야 하고 말하기 싫어하는 사람을 의무적으로 하게 하는 것이 아니라 자연스럽게 인도해야 합니다.

혼자 이야기를 독점하는 경향의 사람은 별도로 만나서 사랑하는 마음으로 다른 사람이 말할 수 있도록 하기 위하여 전체 분위기를 보아가며 적절히 절제할 것을 부탁할 수 있고 또 모임에서 한 사람이 이야기 하였으면 골고루 이야기 하기 전에 또 말하지 않기로 미리 공동으로 규칙을 정할 수도 있습니다.

말하지 않는 스타일의 사람에게는 적당한 시간에 이름을 불러 "○○님은 어떻게 생각하시지요?" 라고 지목하여 물어 봅니다.

서로의 생각 서로의 깨달음 서로의 간증 서로의 애환을 나누며 더불어 배우고 더불어 성장하고 더불어 치유 받도록 인도하여야 합니다.

이렇게 이야기들을 나누는 동안 성령님이 임하시고 은혜 주시고 치유하시고 격려하시기를 기도하며 기대하며 믿으며 이끄는 것입니다.

리더가 다 가르치려 하지 말고 리더가 이야기를 독점하지 말고 리더는 서로가 나누고 배우도록 이끄는 역할을 잘 해야 합니다.

5) 리더는 말하는 자로 서기 보다 듣는 자로 서는 게 좋습니다.

리더는 적게 말하면서 지체들이 많이 말하게 하되 리더는 잘 듣는 자가 되어야 합니다.

지체들의 반응을 깊이 분석하면서 적극적으로 진지하게 듣고 지체들을 깊이 이해하고 반응하고 동감하고 동정하고 필요한 격려를 주는 자가 되어야 합니다.

말하는 지체의 표정과 몸 가짐도 살피며 말 속의 말을 들으려고 노력하고 말 밖의 말도 들어야 하고 잘 듣는 리더가 되면 지체들을 격려하고 섬길 수 있게 됩니다. 섣불리 조언하지 말고 잘 들으며 대답도 리더가 혼자 다 하는 것이 아닙니다.

누가 나눌 때 어려워하거나 상한 마음을 말할 때는 우선 그 감정까지도 받아 주어야 합니다.

이론적으로 가르치려고 하면 이미 알고 있는 경우도 동정 받고 싶고 하소연하고 싶어 하는 말도 많은데 가르치고 코치하려고만 하면 오히려 마음이 닫히고 상하게 됩니다.

잘 들어서 감정도 잘 이해하면서 받아주고 격려하여야 합니다.

의문도 리더 혼자 다 대답해야 하는 것이 아닙니다.

잘 듣고 요지를 정리하여 지체들이 생각하고 있는 대답을 끌어 낼 수 있어야 합니다.

리더는 격려의 말을 잘 하도록 늘 격려의 사명을 생각하고 행합니다.

6) 소그룹 모임에서는 부정적인 이야기는 걸러 내야 합니다.

자신의 고백을 제외하고 다른 사람의 험담이나 교회의 부정적 평가나 불만을 토로하는 장이 되지 않도록 해야 합니다.

긍정적인 이야기의 장이 되고 서로 교정하고 서로 격려하여 세워가는 장이 되도록 인도해야 합니다.

7) 리더는 무엇보다도 다시 강조하거니와 성령의 사람이 되어 인도하는 과정 내내 성령님의 인도를 의지해야 합니다.

리더는 자신의 지혜로 인도하는 것이 아니라 성령의 영감으로 인도하게 되도록 기도하고 사모하고 성령님을 모임 가운데 모셔야 합니다.

2장
미션 MISSION

I

미션의 원리

1. 사명의 원리 이해

필자가 신학대학의 교수로 재직하던 시절 학생 20여명과 몇 명의 현직 목회자를 인솔하여 태국을 거쳐 네팔로 선교훈련을 갔습니다.

언어가 잘 통하지 않지만 그래도 전도하고자 하는 열망으로 미리 각 나라의 인사말과 간단한 말들을 연습했고 아무래도 언어로 전도하기가 쉽지 않을 것이기에 워십 댄스와 모노드라마 등을 준비하여 연습해서 갔습니다.

젊은 신학생들이 사명을 가지고 연습하고 또 나가서도 서툰 영어와 현지 언어를 동원하고 바디 랭귀지를 동원하여 전도하는 모습은 얼마나 아름다운지 참으로 보람 있는 훈련이었습니다.

나는 이렇게 열심으로 언어를 뛰어 넘어 전도하는 젊은이들의 모습을 전에 본 적이 없었습니다.

학생들의 열정을 보며 나는 날마다 감격하고 감탄하면서 이들을 인솔하고 나온 보람으로 가슴이 벅찼습니다.

태국에서는 많은 전도의 열매도 있었습니다.

방콕 국립대학 학생들이 전도되어 주일 예배에 함께 하는 축복도 누렸습니다.

그리고 나서 네팔로 갔습니다.

네팔에서는 그곳 선교사가 준비한 선교훈련 스케줄을 따라 2박 3일간 산 동네 트레킹을 하게 되었습니다.

한 명의 공식 가이드와 여러 명의 포터들이 함께 하는 트레킹이었습니다.

젊은이들과 하는 트레킹이어서 내가 더욱 젊어지는 느낌이었습니다.

그런데 삼일 중 하루 트레킹을 하고 나서 학생들 여러 명이 몸살이 나고 배탈이 나서 모두 축축 늘어지고 나머지 트레킹을 포기하고 내려가자는 의견이 분분했습니다.

나로서는 이해가 가지 않았습니다.

젊은이들의 나약함이라고 무시하고 싶었습니다.

그러나 그렇게 단숨에 자르는 스타일로는 지도자의 리더십이 서지 않을 것 같아서

"이 밤 쉬어 보고 내일 아침에 결정하자." 고 결정을 미루었습니다.

그리고 저녁에 기도하며 원인을 살피고 어떻게 대응해야 하는지 지혜를 구하며 기도했습니다.

태국 일정의 빡빡한 스케줄과 견줄 때 그렇게 무거운 트레킹도 아니고 짐은 포터들이 다 나르고 우리는 그냥 걸어가면서 대화하고 자연을 즐기

기만 하면 되는 트레킹인데 모두 못하겠다고 나오는 것은 정말 이해가 안가는 것이었습니다.

그런데 기도 중에 깨달았습니다.

태국에서는 전도하는 사명이 그들로 하여금 피곤을 모르고 열정적으로 훈련하게 하였는데 이 트레킹에는 의미부여가 없었다는 것이 깨달아졌습니다. 그래서 나는 대단한 의미가 있고 없고 보다 우선 중도에 어렵다고 포기하는 경험은 갖고 싶지 않았고 또 최대한 의미를 살려야 한다고 판단하고 다음날 아침 예배로 모이게 했습니다.

예배를 드리면서 설교 시간에 우리는 왜 트레킹을 하는가? 그것은 산악인들의 취미활동이 아니며 산악인들의 산행 연습이 아니라는 점을 분명히 했습니다.

그리고 우리가 트레킹을 하는 의미를 설명했습니다.

네팔은 카트만두 수도를 빼고는 대부분 산동네에 살고 있으며 산 넘어 한 동네 또 산 넘어 한 동네 이렇게 산동네에 사는 네팔인들을 우리가 연구하고 이해하기 위하여 트레킹을 하는 것이라고 의미를 부여했습니다.

그리고 저들이 전도할 때 그토록 열정적이었던 것을 생각하고 전도를 하도록 시도했습니다.

그래서 이제부터는 동네가 나타나면 한 시간씩 시간을 주고 조별로 동네에 들어가 그들의 의식주는 무엇인가?

그들의 종교는 무엇인가? 그들의 가치관은 무엇인가? 등을 조사하고 전도를 시도하고 그 결과를 보고하도록 하였습니다.

학생들은 신이 났습니다.

점점 더 고도를 높이는 트레킹이지만 전혀 아무도 탈이 나지 않았습니다.

그래서 초입에 포기할 뻔했던 트레킹을 2박 3일간의 풍성한 연구와 풍성한 긍정적인 경험을 얻으며 건강하게 마칠 수 있었습니다.

이것이 무슨 원리이겠습니까? 이것은 한마디로 말하면 의미의 원리요 미션의 원리 입니다.

빅터 프랭클 박사는 "죽음의 수용소에서" 라는 책에서 죽음과 삶이 교차하는 수용소의 경험을 바탕으로 의미의 철학을 설파하고 있습니다.

사람은 삶의 의미를 발견하면 어떠한 고난도 이길 수 있고 살아갈 의지와 열정을 갖지만 의미를 상실하게 되면 삶의 의지도 상실되며 삶의 열정도 사라지게 된다고 말하고 있습니다.

그런데 의미는 대체로 타자에게서 온다는 것입니다.

가족이라는 타자가 가장 가까이에 있지요.

그러나 예수님께서는 절대타자 하나님에게서 의미가 오고 있음을 말씀하십니다.

예수님의 삶과 죽음이 사명에 있었습니다.

요한복음4장에 보면 예수님만 가지신 양식이 있었는데 그것은 자기를 보내신 하나님 아버지의 뜻을 이루는 것이었습니다. 요4:32-34

예수님께서는 심지어 십자가의 죽음의 때를 영광의 때라고 말씀 하셨습니다.

이유가 무엇일까요? 십자가의 죽음은 예수님을 보내신 아버지의 뜻을 완성하는 시간이기 때문입니다. 요12:23-24

인간은 하나님의 피조물이요, 하나님의 형상으로 지어진 하나님의 자녀들입니다. 우리는 모두 하나님께로부터 받은 사명이 있습니다.

그래서 인간은 사명에 사는 존재요 의미에 사는 존재입니다.

사명에 사는 사람은 행복합니다. 사명은 삶의 의미를 부여합니다.

교회도 마찬가지입니다. 사명을 알고 사명을 살아가는 교회는 살아 움직이고 부흥하고 성장하게 됩니다.

그러나 사명을 알지 못하는 교회는 현상유지 하다가 죽습니다.

우리가 소그룹 교회에 관심을 두는 것은 교회의 본질적 사명을 이루는데 소그룹 시스템이 가장 효과적이기 때문입니다.

그렇다면 소그룹 시스템을 적용하는 것도 사명이 될 것입니다.

과연 그러한지 교회의 사명이 무엇인지부터 살피도록 하지요.

2. 교회의 본질적 사명으로서의 선교

1) 교회의 목양 사명

요 21:15, 저희가 조반 먹은 후에 예수께서 시몬 베드로에게 이르시되 요한의 아들 시몬아 네가 이 사람들보다 나를 더 사랑하느냐 하시니 가로되 주여 그러하외다 내가 주를 사랑하는 줄 주께서 아시나이다 가라사대 내 어린 양을 먹이라 하시고

16, 또 두 번째 가라사대 요한의 아들 시몬아 네가 나를 사랑하느냐 하시니 가로되 주여 그러하외다 내가 주를 사랑하는 줄 주께서 아시나이다 가라사대 내 양을 치라 하시고

17, 세 번째 가라사대 요한의 아들 시몬아 네가 나를 사랑하느냐 하시니 주께서 세 번째 네가 나를 사랑하느냐 하시므로 베드로가 근심하여 가로되 주여 모든 것을 아시오매 내가 주를 사랑하는 줄을 주께서 아시나이다 예수께서 가라사대 내 양을 먹이라

지난 장에서 인간과 교회의 본질적 존재 방식으로서의 코이노니아 공동체에 관하여 살펴 보았습니다.

코이노니아로서의 행복한 경험은 그것으로만은 곧 한계에 이르게 됩니다. 권태기가 오고 행복감 자체가 오래 가지 못할 수가 있습니다.

왜냐하면 인간은 코이노니아적 존재일 뿐 아니라 의미 지향적 사명에 사는 존재이기 때문입니다.

그런 의미에서 교회의 본질적 사명을 깨닫고 발견하는 것은 중요합니다.

이제 교회의 본질적 사명을 생각해 보도록 하겠습니다

여러분 교회는 주님께로부터 받은 사명을 위하여 존재하고 그리스도인은 구원 받고 축복 받을 뿐 아니라 사명으로 사는 것이 그리스도인의 영광된 삶입니다.

오늘은 주님께서 교회와 그리스도인에게 주신 목양 사명을 보며 헌신하도록 하겠습니다.

네가 나를 사랑하느냐?

예수님이 십자가에서 돌아가시자 부름 받은 소명도 비전도 잃어버린 제자들은 다시 물고기 잡으러 바다로 돌아갔습니다.

밤새 그물을 던졌지만 빈 그물만 끌어 올리던 그 새벽에 예수님이 제자들을 찾아 오셨습니다.

부활하신 예수님께서 해변에서 고기잡이 하던 제자들을 찾아 오신 것입니다.

예수님이 물으십니다.

"얼마나 잡았느냐?"

그리고는 배 오른편에 그물을 던지라고 말씀하십니다.

누가복음에 의하면 깊은 데로 가서 그물을 던지라고 하십니다.

헛수고하는 인생에서 주님의 말씀에 순종하고 주님께 삶을 드려 많은 열매를 거두는 깊은 인생을 배우게 하시려고 하신 것 같습니다.

말씀에 순종하여 그물을 내리자 그물 가득 물고기가 잡혀 그물이 찢어질 것 같습니다.

그리고 예수님은 따뜻하게 불을 피우고 조반을 마련해 놓으시고 식사에 초대하십니다.

조반이 끝나자 제자들을 둘러 보시며 베드로에게 물으십니다.

"네가 나를 사랑하느냐?"

베드로가 간신히 주님을 사랑하는 줄 주께서 아시지 않느냐고 대답하자 예수님께서는 베드로에게 사명을 말씀 하십니다.

"내 양을 먹이라"

이 질문과 부탁은 세 차례 계속 반복되고 확인 됩니다.

주님께서는 오늘도 우리에게 질문 하십니다.

"네가 나를 사랑하느냐?"

여러분 예수님을 사랑하십니까?

우리를 위하여 십자가 지심으로 대속을 이루고 구원하신 주님을 사랑하십니까?

나는 여기 모인 모두가 주님을 사랑하는 줄로 믿습니다.

내 양을 먹이라

주님을 사랑하는 사람에게 주님은 무엇을 부탁하십니까?

"내 양을 먹이라"고 하십니다.

여러분 교회와 그리스도인은 주님으로부터 목양 사명을 받고 있다는 것을 깨달으십니까?

이렇게 물으면 여러분은 목양이야 목사가 하는 것이지 우리가 왜 하나? 그렇게 생각하실지 모르지요?

그러나 여러분, 이 목양 사명은 목사만 받고 있는 것이 아니라 주님을 사랑하는 사람이면 모두 이 목양 사명을 받고 있는 것입니다.

우리가 예수님의 제자라면 모두가 모든 족속을 제자 삼으라는 지상 명령을 받고 있듯이 우리가 주님을 사랑하는 사람이라면 모두가 목양 사명을 받고 있는 것입니다.

예수님은 이 땅에 살고 있는 모든 사람들을 먹이고 돌보고 치유해야 할 양떼로 보셨습니다.

예수님이 먹여야 할 양들 그들은 예수님의 몸 된 교회와 그 지체인 우리들이 돌보고 먹여야 할 양인 것입니다.

이 세상 길 잃고 방황하는 양들을 교회와 그 지체인 우리가 진리로 가르치고 인도해야 하고 굶주린 양들을 먹이고 병든 양들을 치유하는 일을 교회와 그 지체인 우리가 감당해야 합니다.

이 사명을 젖혀놓고 우리는 주님의 사람이라 말 할 수 없고 이 사명과 무관한 채 주님을 사랑한다고 말 할 수 없다는 것입니다.

예수님께서 지상에 계실 때 이 목양 사역이 무엇인지를 보여 주셨습니다.

그것은 방황하는 무리를 인도하고 길을 가르쳐 주는 일이었습니다.

또 병든 무리를 고쳐 주는 치유하는 일이었습니다.

그리고 굶주린 무리를 먹이는 일이었습니다.

그 모든 일을 사랑의 행위로 하셨고 불쌍히 여기는 눈으로 보시고 그들의 형편을 따라 행하셨습니다.

우리는 이 본을 따라 예수님을 대신하여 목양사명을 이루어야 합니다.

그러면 왜 목양이며 무엇이 목양이겠습니까?

방황하는 무리에게 진리를 가르치라

막 6:34, 예수께서 나오사 큰 무리를 보시고 그 목자 없는 양 같음을 인하여 불쌍히 여기사 이에 여러 가지로 가르치시더라

예수님은 무리를 보시고 이 무리가 목자 없는 양 같이 방황하고 유리하는 모습을 보셨습니다.
그리고 불쌍히 여기셨습니다.
그리고는 가르치셨습니다.
무엇을 가르치셨겠습니까?
인생의 길, 인생의 진리를 가르치셔서 길을 알게 하시고 옳은 길로, 생명의 길로 인도하시고자 하신 것입니다.
이것이 목양입니다.
인생을 보실 때에 목자 없는 양으로 보신 것입니다.
갈 길을 알지 못하고 방황하는, 진리를 알지 못하고 헤매는 인생의 모습을 보신 것입니다.
인생들이 제 각기 살아가고는 있지만 진리를 모른 채, 길을 모른 채 유리하고 방황하는 인생을 보는 것입니다.
여기서 목양이 시작 됩니다.
그러기에 성경은 말합니다.

단 12:3, 지혜 있는 자는 궁창의 빛과 같이 빛날 것이요 많은 사람을 옳은 데로 돌아오게 한 자는 별과 같이 영원토록 비취리라

여러분 예수님께서 인생을 보신 것과 같이 우리도 인생을 보고 불쌍히

여기며 진리 가운데로 옳은 데로 인도하여야 할 양 무리임을 알아야 합니다. 양떼를 바른 길로, 진리의 길로, 생명의 길로 인도하는 교회, 인도하는 성도가 되어야 합니다.

이렇게 옳은 길로 인도하는 사람, 많은 사람을 진리의 길로 이끄는 사람이 하늘 나라에서는 별과 같은 존재입니다. 이 인생들을 진리의 길로, 생명의 길로 인도하는 목양 사역을 우리는 충성스럽게 감당해야 할 것입니다.

굶주린 인생들을 먹이라

예수님은 무리를 보실 때에 저들의 굶주림을 보았습니다.
그리고 어찌하든지 먹이셨습니다.

> 막 8:2, 내가 무리를 불쌍히 여기노라 저희가 나와 함께 있은 지 이미 사흘이매 먹을 것이 없도다

주님의 눈은 또 한번 무리를 불쌍히 여기는 눈으로 바라보십니다.
사람들의 굶주린 상태를 보셨습니다. 그리고는 먹이셨습니다.
주님께서는 인생들의 굶주림을 보시고 먹이시는 분이시며 목양이란 양들을 먹이는 것입니다.

물론 예수님은 여기 본문에서 육신적으로 굶주린 인생들을 오병이어의 기적을 통하여 먹이신 것이 사실입니다.

교회는 이 땅 인생들의 굶주림을 해결하는 공동체입니다.
사도행전에 보면 초대 교회에서는 육신적으로 굶주리는 사람들도 서로 먹이므로 핍절한 사람이 없었다고 합니다.

행 4:32, 믿는 무리가 한 마음과 한 뜻이 되어 모든 물건을 서로 통용하고 제 재물을 조금이라도 제 것이라 하는 이가 하나도 없더라
33, 사도들이 큰 권능으로 주 예수의 부활을 증거하니 무리가 큰 은혜를 얻어
34, 그 중에 핍절한 사람이 없으니 이는 밭과 집 있는 자는 팔아 그 판 것의 값을 가져다가

육신적으로도 서로 굶주림을 해결하는 사랑의 공동체가 교회요 교회는 인생의 굶주림을 해결해 주는 공동체가 되어야 합니다.
그러나 굶주림을 해결해 준다고 할 때 육신적인 굶주림은 오히려 경한 것입니다.
더욱 심각한 것은 영적인 굶주림입니다.

암 8:11, 주 여호와께서 가라사대 보라 날이 이를지라 내가 기근을 땅에 보내리니 양식이 없어 주림이 아니며 물이 없어 갈함이 아니요 여호와의 말씀을 듣지 못한 기갈이라

양식이 없는 굶주림보다 물이 없어 갈함보다 하나님의 말씀이 없는 기근은 더욱 심각한 것입니다.
사람이 떡으로만 사는 것이 아니요 하나님의 말씀으로 산다고 말씀하십니다.

마 4:4, 예수께서 대답하여 가라사대 기록되었으되 사람이 떡으로만 살 것이 아니요 하나님의 입으로 나오는 모든 말씀으로 살 것이라 하였느니라 하시니

우리는 영적으로 정신적으로 굶주린 인생들을 먹이는 사명을 감당해야 합니다.

누가 이 일에 헌신하여 우리교회가 굶주린 인생을 먹이는 목양자의 교회가 되게 하겠습니까?

주님은 이렇게 말씀 합니다.

눅 12:42, 주께서 가라사대 지혜 있고 진실한 청지기가 되어 주인에게 그
집 종들을 맡아 때를 따라 양식을 나누어 줄 자가 누구냐?

병든 자를 치유하라

예수님은 인생들을 보실 때 병든 자를 불쌍히 여기시는 눈으로 보고 고치셨습니다.

마 14:14, 예수께서 나오사 큰 무리를 보시고 불쌍히 여기사 그 중에 있는
병인을 고쳐 주시니라

예수님의 눈이 무리를 보실 때는 늘 저들의 필요를 깊이 보시며 불쌍히 여기시며 인생들의 문제를 해결하려는 일을 하셨습니다.

예수님은 인생들을 볼 때에 병든 인생을 보았습니다.

아마 어떤 의미에서 인생은 모두 병든 환자라고 말해도 과언이 아닐 것입니다.

육신적으로 병든 사람, 정신적으로, 정서적으로 병든 사람, 영적으로 병든 사람, 수 많은 병자가 우리 인생들의 모습입니다.

교회는 치유하는 공동체로 사명을 갖습니다.

예수님이 병든 무리를 고치신 것처럼 교회도 고치는, 양들을 치유하는 목양을 해야 합니다.

예수님은 그 지상 사역의 절반 이상을 치유사역에 할애 했습니다.

병든 자를 고치신 것입니다.

예수님은 병의 종류를 구분하지 않고 모두 고치셨습니다.

마 4:24, 그의 소문이 온 수리아에 퍼진지라 사람들이 모든 앓는 자 곧 각색 병과 고통에 걸린 자, 귀신들린 자, 간질하는 자, 중풍병자들을 데려오니 저희를 고치시더라

마 19:2, 큰 무리가 좇거늘 예수께서 거기서 저희 병을 고치시더라

육신도 영혼도 정신도 고치셨습니다.
현대인들은 더 많은 병을 앓으며 살아가고 있습니다.
육신적으로도 오염에 의하여 질병이 늘고 있고 정신적으로 정서적으로 사랑에 메마르고 깊은 내면의 상처들로 신음하는 무리들이 많습니다.
영적으로 병들어 사탄의 얽매임 아래 있는 영혼들도 많습니다.
오늘날 교회에서 치유가 일어나야 하고 우리 모두가 치유사역에 헌신하고 쓰임 받아야 합니다.
예수님은 자신이 병든 자들을 고치실 뿐 아니라 제자들에게도 병을 고치도록 사명과 권세를 함께 주셨습니다.
예수님께서 제자들을 파송 할 때 복음만 전하는 것이 아니라 병도 고치라고 하셨습니다.

눅 9:1, 예수께서 열 두 제자를 불러 모으사 모든 귀신을 제어하며 병을 고치는 능력과 권세를 주시고
2, 하나님의 나라를 전파하며 앓는 자를 고치게 하려고 내어 보내시며

이렇게 말하면 열 두 사도에게만 그렇게 병 고치는 사명과 권세를 주신 것으로 생각하실 분들이 있을지 모르겠습니다.

그러나 예수님께서는 모든 제자들에게 그 사명과 그 권세를 함께 주셨습니다.

눅 10:1, 이 후에 주께서 달리 칠십 인을 세우사 친히 가시려는 각동 각처로 둘씩 앞서 보내시며

2, 이르시되 추수할 것은 많되 일꾼이 적으니 그러므로 추수하는 주인에게 청하여 추수할 일꾼들을 보내어 주소서 하라

3, 갈지어다 내가 너희를 보냄이 어린 양을 이리 가운데로 보냄과 같도다

4, 전대나 주머니나 신을 가지지 말며 길에서 아무에게도 문안하지 말며

5, 어느 집에 들어가든지 먼저 말하되 이 집이 평안할지어다 하라

6 만일 평안을 받을 사람이 거기 있으면 너희 빈 평안이 그에게 머물 것이요 그렇지 않으면 너희에게로 돌아오리라

7, 그 집에 유하며 주는 것을 먹고 마시라 일꾼이 그 삯을 얻는 것이 마땅하니라 이 집에서 저 집으로 옮기지 말라

8, 어느 동네에 들어가든지 너희를 영접하거든 너희 앞에 차려 놓는 것을 먹고

9, 거기 있는 병자들을 고치고 또 말하기를 하나님의 나라가 너희에게 가까이 왔다 하라

70인을 내어 보낼 때에도 병을 고치라고 하셨습니다.

치유사역은 교회의 보편적인 사역이요, 제자들의 보편적인 사역입니다.

왜냐하면 인생들이 모두가 환자요, 치유 받아야 할 존재들이고 이를 불쌍히 여기시는 주님이 고칠 뿐 아니라 교회와 제자들에게 고치라 하신 사명이기 때문입니다.

저들의 삶을 풍성하게 하라

예수님 자신이 목자라고 하시면서 목자의 마음을 계시하셨습니다.

요 10:10, 도적이 오는 것은 도적질하고 죽이고 멸망시키려는 것뿐이요 내
  가 온 것은 양으로 생명을 얻게 하고 더 풍성히 얻게 하려는 것이라
11, 나는 선한 목자라 선한 목자는 양들을 위하여 목숨을 버리거니와

예수님은 자신이 선한 목자라 하셨습니다.

양들을 위하여 목숨을 버리는 선한 목자라 하셨습니다.

예수께서 오셔서 양들을 위하여 목숨을 버리는 목적은 양들로 생명을 얻고 풍성한 생명, 풍성한 삶을 얻고 누리게 하려는 것이라고 하셨습니다.

이 풍성한 인생을 위하여 십자가를 지신 예수님이 이제 우리에게 이 양들을 먹이라, 양들을 치라 하십니다.

이 불쌍한 양들로 풍성한 인생을 누리게 하라 하십니다.

방황하는 양 무리에게 진리와 길을 가르치고, 굶주린 양 무리 인생을 먹이고, 병든 양 무리 인생을 치유하여 양 무리 인생들로 풍성한 삶을 누리게 하라는 것이 주님이 우리에게 주신 사명이요 명령입니다.

우리는 양 무리를 먹이는 교회가 되어야 하겠고 우리 모두 이러한 목자가 되어야 하겠습니다.

소그룹 교회로 가게 되면 모든 성도들이 목자가 되게 합니다.

적어도 7-12명 안팎의 사람들을 목양하는 목자가 됩니다.

헌신하여 주님의 목양 사명을 감당하고 충성하게 되며 많은 인생들을 옳은 데로 인도하고 영적으로 먹이며 병든 자를 치유하며 인생을 풍성한 삶으로 인도하는 이 감격스러운 직분에 충성하여 헌신하게 되기를 바랍니다.

이 글을 쓰면서 여전히 걱정되는 것은 목회자도 평신도도 고정 관념이 목양은 목사가 하고 평신도는 그 양이라는 공식을 벗어나지 못하고 있다

는 점입니다.

우리의 사고방식, 그 사고방식의 패러다임을 전환해야 합니다.

우리 예수님의 제자들은 다 목양의 사명을 가지고 있음을 깨닫고 헌신해야 합니다.

그리고 교회는 평신도 모두가 목양할 수 있는 시스템으로 가야 합니다.

평신도도 목양을 해야 하는 데는 양면적인 이유가 있습니다.

하나는 이미 본대로 모두에게 목양 사명이 있다는 점이고 하나는 평신도도 이 목양사명에 헌신할 때 가장 보람 있고 행복하다는 것입니다.

내가 밀양에서 목회할 때 일입니다.

그 당시 우리 가족은 나와 아내, 아들 딸 두 아이 그리고 부모님 여섯 식구였습니다.

아이들은 어려서 늘 옷을 더럽혀 와서 자주 세탁하고 부모님은 늙어서 섬겨야만 하는 경우입니다.

어느 날 제 아내가 내게 짜증을 부리며 불만을 토로합니다.

"내가 이 집 식모야 가정부야? 날마다 밥짓고 청소하고 세탁하고?"

당연히 해야 할 일 하는 것이련만 짜증을 내는 것입니다.

나는 이 문제를 어떻게 해야 할지 생각하며 기도하였습니다.

그리고는 깨닫게 되었습니다.

"아내가 짜증을 내는 것은 당연히 해야 할 일을 하면서 의무로 하기 때문이다. 일이 고된 것이 아니라 사는 맛이 적은 것이다."

"그러면 어떻게 해야 살 맛이 나는, 의미 있는 생활로 이끌 것인가?"가 과제였습니다.

그래서 나는 아내에게 일을 덜어 주는 것이 아니라 한 가지 일을 더하여 주기로 작정했습니다.

교회에서 새신자를 돌보고 양육하는 양육자 교육을 하고 있었는데 그 새신자 양육자 훈련에 들어오도록 설득했습니다.

아내는 그 훈련을 받고 새신자를 양육하는 사명을 받게 되었습니다.

새신자를 붙여 주어 사랑으로 돌보고 양육하도록 했습니다.

그 후로 놀라운 일이 벌어졌습니다.

일이 더 많아지고 더 바쁘게 되었는데도 짜증내는 것이 없어졌습니다.

활력이 생겼습니다.

영적 사역, 목양사역의 맛을 알게 되었습니다.

자신의 섬김으로 새신자가 영적으로 자라고 새신자가 감격스러워하는 모습을 지켜 보면서 삶의 희열이 생긴 것입니다.

평신도들도 그들 몫의 목양을 해야 행복합니다.

그리스도인으로 살아가는 활력이 생깁니다.

그러므로 모든 그리스도인은 목양자가 되어야 합니다.

이는 의무이자 특권입니다.

2) 모든 족속을 제자 삼는 교회

부활하신 예수님께서 제자들에게 위임하시고 명령하신 것은 이 목양 사명을 다른 차원에서 말씀하신 모든 족속을 제자 삼으라는 말씀으로 더 잘 알려지고 있습니다.

이것을 우리는 지상 명령 The Great Commission 이라 부릅니다.

마 28:18, 예수께서 나아와 일러 가라사대 하늘과 땅의 모든 권세를 내게 주셨으니

19, 그러므로 너희는 가서 모든 족속으로 제자를 삼아 아버지와 아들과 성령의 이름으로 세례를 주고

20, 내가 너희에게 분부한 모든 것을 가르쳐 지키게 하라 볼지어다 내가 세상 끝 날까지 너희와 항상 함께 있으리라 하시니라

이 본문 말씀은 지상 명령이라 부르는 말씀인데 너무 많이 이야기 되어서 오히려 신선한 맛을 주지 못할 정도가 된 말씀이지요.

아무리 신선도가 떨어진다 해도 이 지상명령은 강조 되고 또 강조 될 수 밖에 없는 교회의 본질적 사명을 가르쳐 줍니다.

이 지상명령을 도외시 하고 교회가 존재 할 수가 없습니다.

교회가 존재하는 이유 중 하나는 주님의 최고의 명령을 수행하기 위하여 존재하는 것입니다.

지상 명령은 창세기부터 계시되어 온 하나님의 뜻을 다시 한번 강조하여 교회에 맡기신 사명입니다.

우리는 이 지상 명령의 이해를 창세기에서 시작하려고 합니다.

복의 근원이 될지라

창 12:1, 여호와께서 아브람에게 이르시되 너는 너의 본토 친척 아비 집을 떠나 내가 네게 지시할 땅으로 가라
2, 내가 너로 큰 민족을 이루고 네게 복을 주어 네 이름을 창대케 하리니 너는 복의 근원이 될지라
3, 너를 축복하는 자에게는 내가 복을 내리고 너를 저주하는 자에게는 내가 저주하리니 땅의 모든 족속이 너를 인하여 복을 얻을 것이니라 하신지라

인간이 타락한 채로 흩어져 하나님 없이 저주 가운데, 어두움 가운데 살아갈 때에 하나님께서 아브라함을 부르셔서 자신의 뜻을 계시 하시며 구원의 역사를 일으키십니다.

이때에 말씀 하신 것을 보면 하나님의 심중이 어떠한 것인지 알 수 있습니다.

하나님을 떠나, 하나님 없이 저주 가운데 살던 아브라함을 불러 내어 복을 주시려고 하나님은 아브라함을 믿음의 세계로 이끌어 내십니다.

그러나 하나님이 아브라함을 부른 것은 또 다른 목적이 있습니다.

그것은 아브라함을 복의 근원자로 세워 모든 족속이 복을 받아 누리게 하는 하나님의 구원의 역사의 주인공으로 부르신 것입니다.

이것이 아브라함을 부르신 이중 목적입니다.

하나는 아브라함 자신을 복 주시려는 것이고, 다른 하나는 아브라함을 복의 근원으로 세워서 모든 족속을 복 받게 하는 일에 쓰시려는 것입니다.

하나님께서는 아브라함을 구원으로 이끄시면서 아브라함만 구원하시는 것이 아니라 모든 족속을 구원하실 이중적인 목적으로 아브라함을 부르신 것입니다.

이 원리는 오늘에도 동일하며 모든 성경을 통틀어 동일한 원리요, 하나님의 뜻입니다. 하나님께서는 아브라함 한 사람을 부르실 때 모든 족속을 마음에 두셨습니다.

이것은 창세기에 이미 반복적으로 계시된 것입니다.

창 18:18, 아브라함은 강대한 나라가 되고 천하 만민은 그를 인하여 복을 받게 될 것이 아니냐

창 22:18, 또 네 씨로 말미암아 천하 만민이 복을 얻으리니 이는 네가 나의 말을 준행하였음이니라 하셨다 하니라

창 26:4, 네 자손을 하늘의 별과 같이 번성케 하며 이 모든 땅을 네 자손에게 주리니 네 자손을 인하여 천하 만민이 복을 받으리라

창 28:14, 네 자손이 땅의 티끌같이 되어서 동서 남북에 편만할지며 땅의

모든 족속이 너와 네 자손을 인하여 복을 얻으리라

아브라함의 혈통적 후손은 이스라엘입니다.

이스라엘은 자신들이 하나님의 선택된 백성으로 하나님의 구원의 역사를 이어가는 사명을 가지고 있었지만 모든 족속을 향한 하나님의 마음을 알지 못하고 폐쇄적인 민족적 우월 주의에 빠져 모든 족속을 구원하고 복되게 하는 큰 사명을 스스로 이루어 가지는 못했습니다.

그리하여 예수님은 보다 완성된 구원의 길을 마련하실 때 땅끝에 사는 모든 족속 모든 열방을 구원하실 것을 다시 예언하시고 실천 하시게 됩니다.

사 49:6, 그가 가라사대 네가 나의 종이 되어 야곱의 지파들을 일으키며 이스라엘 중에 보전된 자를 돌아오게 할 것은 오히려 경한 일이라 내가 또 너로 이방의 빛을 삼아 나의 구원을 베풀어서 땅 끝까지 이르게 하리라

하나님은 끊임 없이 모든 족속의 구원을 열망하시고 계획하시고 당신의 백성들을 파송 하십니다.

이러한 하나님의 열망과 무관하게 살아가는 것은 하나님의 사람들의 삶이라 하기 어려울 것입니다.

하나님의 열망과 상관 없이 교회가 존재한다는 것은 모순일 것입니다.

하나님의 열망을 이제 부활하신 예수님께서는 자신이 세우신 제자 공동체인 교회에 위임하시고 승천하신 것입니다.

모든 족속을 제자 삼으라

이 지상 명령이 각 복음서마다 조금씩 다른 표현으로 기록되고 있습니다만 마태복음의 말씀이 가장 종합적으로 표현했다고 보아 집니다.

우리가 아는 대로 마가복음에서는 천하만민에게 복음을 전하라는 말씀으로 되어 있고 사도행전은 땅끝까지 모든 민족에게 증거하는 것으로 되어 있습니다.

막 16:15, 또 가라사대 너희는 온 천하에 다니며 만민에게 복음을 전파하라
16, 믿고 세례를 받는 사람은 구원을 얻을 것이요 믿지 않는 사람은 정죄를 받으리라
행 1:8, 오직 성령이 너희에게 임하시면 너희가 권능을 받고 예루살렘과 온 유대와 사마리아와 땅 끝까지 이르러 내 증인이 되리라 하시니라

모든 지상명령의 언어들을 종합하여 보면 땅끝까지 이르러 예수 그리스도를 증거하고 천하만민에게 복음을 전파하고 모든 족속을 제자 삼으라고 하신 것으로 종합됩니다.

이를 조금 더 자세히 관찰하여 보면서 주님의 마음을 헤아리고 그 뜻을 실현하기 위한 지혜를 얻어 보기로 하겠습니다.

우선 지상 명령은 그 범위를 땅끝까지 이르도록 명하고 있습니다.

온 천하 만민에게 다니도록 명령 합니다.

모든 족속에게 가라고 명령합니다.

이는 아브라함에게 계시하셨던 모든 족속을 위한 복의 근원이 될 것을 이제 제자 공동체인 교회에게 다시 일깨워 주는 일관된 하나님의 마음입니다.

그리스도인과 교회의 사명은 땅끝까지 증거하고 천하 만민에게 복음을 전파하고 모든 족속을 제자 삼는 일에 헌신하고 충성해야 합니다.

어떻게 하면 교회가 이 지상 명령을 실현할 것인가는 대단히 중요한 과제입니다.

이 말씀들을 보면 모두가 적극적으로 우리가 행동해야 함을 가르칩니다. 이르고 다니고 가야 한다는 것입니다.

어떻게 수동적인 교회가 능동적이고 적극적으로 전도하고 선교하는 공동체가 될 것인가는 오늘날 중요한 과제입니다.

제자 삼는 제자

그러면 모든 족속을 제자 삼는 다는 게 무엇이며 제자가 된다는 것은 무엇입니까?

제자를 삼는다는 것은

첫째, 복음을 전하여 세례를 베풀고 믿는 자로서의 제자를 삼는다는 것입니다.

제자를 삼되 아버지와 아들과 성령의 이름으로 세례를 주라고 하셨습니다. 세례는 아무에게나 가서 물을 끼얹거나 아무나 물속에 잠갔다가 꺼내면 되는 것이 아니겠지요.

마가복음에서는 온 천하에 다니며 만민에게 복음을 전파하라 믿고 세례를 받는 사람은 구원을 얻으리라고 하였습니다.

그러므로 세례를 주라는 말은 이미 복음을 전파하라는 말씀을 포함하고 있는 것입니다.

복음을 전하여 결신을 시키고 세례를 주라는 것입니다.

이런 의미에서 제자 삼기는 복음 전파로 시작됩니다.

그리고 제자가 된다는 것은 복음을 듣고 예수를 믿는 자가 된다는 것입니다.

그러기에 사도행전에서는 믿는 사람을 기본적으로 제자라 불렀습니다.

행 2:41, 그 말을 받는 사람들은 세례를 받으매 이 날에 제자의 수가 삼천이
나 더하더라
42, 저희가 사도의 가르침을 받아 서로 교제하며 떡을 떼며 기도하기를 전
혀 힘쓰니라
행 6:7, 하나님의 말씀이 점점 왕성하여 예루살렘에 있는 제자의 수가 더
심히 많아지고 허다한 제사장의 무리도 이 도에 복종하니라

복음을 듣고 믿고 세례를 받으므로 제자가 한 번에 삼천 명이 늘어납니다. 계속해서 믿는 무리가 늘었는데 이들을 처음부터 제자라 불렀습니다.
그러나 지상명령에서 예수님은 이미 암시하시기를 예수를 믿는 자가 제자이되 제자가 성장하고 완성되어 가야 함을 암시하십니다.
그것은 가르쳐 지키게 하라는 명령에서 보여 줍니다.
이제 예수를 믿는 사람은 예수님의 말씀을 따르고 그렇게 살아가는 사람이어야 합니다.
믿음은 삶으로 이어집니다.
제자의 삶은 주님의 말씀에 근거합니다.
오늘날 한국 그리스도인들의 문제 중 하나는 신앙과 삶의 괴리라고 말들을 합니다. 믿는 대로 살지 않는다는 것입니다. 믿는 제자는 따르는 제자, 순종하는 제자, 주의 말씀에 의하여 사는 제자로 성장해야 합니다.
우리의 과제는 자신이 예수님을 따라 그 말씀대로 살아가는 제자가 될 일이요 그런 제자를 삼는 일입니다.
자 이제 여기서 한 번 생각해 보십시오.
예수님의 말씀대로 사는 것이 제자입니다.
그렇다면 예수님께서 우리에게 하신 말씀 중에 가장 큰 말씀이 무엇입니까?

우선 여기서 지상 명령이지요.

예수님의 말씀 중의 말씀, 지상명령도 우리가 순종해야 할 명령 중 명령입니다. 따라야 할 말씀 중 말씀 입니다.

그렇다면 제자로 완성 되려면 결국 제자 삼는 자가 제자가 되어야 한다는 결론이 나옵니다.

우리는 제자 삼는 일을 피할 수 없습니다.

이것을 피하고는 제자로 완성되지 못합니다.

그리고 우리가 제자를 삼을 때 제자가 될 뿐 아니라 제자를 삼는 제자를 만든다는 것입니다.

이 연결고리를 보십니까?

제자 삼는 제자를 만드는 것이 진정한 제자 입니다.

이렇게 되면 모든 족속을 제자 삼는 일이 우리의 삶이 되어 버리는 것입니다.

그리고 모든 그리스도의 제자는 제자 삼기를 계속하는 삶이 되고 교회는 제자 삼는 교회가 됩니다.

이것이 실제로 경험되고 실제로 이런 일이 일어나는 교회가 되는 것이 과제 입니다.

이를 위하여 우리는 소그룹 교회를 가장 좋은 구조로 보게 됩니다.

소그룹 교회 구조는 모든 신자가 리더가 되어 제자 삼기를 하는 교회가 되기 때문입니다.

소그룹 교회에서는 소그룹이 공동체적으로 전도하며 또 동시에 각자 소그룹 지체가 훈련 받고 제자를 양육하는 리더가 되는 구조를 갖게 함으로서 제자 삼는 제자의 라이프스타일을 이어 가게 됩니다.

여러분 모두 소그룹 교회의 지체가 되어 훈련 받으며 동시에 제자를 삼아 주님의 지상 명령을 수행하는 성도가 되고 교회가 되게 하시기 바랍니다.

지상명령은 모든 그리스도인들에게 주어진 사명입니다.

목사냐 평신도냐는 이 명령 앞에 구별이 없습니다.

이 명령을 행하는 삶이나 사역의 구조는 조금 다를지 몰라도 모두 이 사명을 지니고 헌신해야 합니다.

그리고 교회 공동체도 전도와 선교 사명에 헌신할 때 건강합니다.

활력이 넘칩니다.

전도하고 선교하는 삶으로 가야 합니다.

전도하고 선교하는 소그룹으로 가야 합니다.

전도하고 선교하는 교회로 가야 합니다.

- 당신은 목양을 합니까? 주님의 목양 위임을 어떻게 이루겠습니까?
- 당신은 제자를 삼고 있습니까? 주님의 지상 명령에 어떻게 충성하여 순종하겠습니까?
- 당신의 교회는 모든 성도를 목양자로 세우는 사역을 하십니까?
- 당신의 교회는 모든 성도가 제자 삼는 일을 하도록 이끌어 줍니까?

II

전도하고 선교하는 교회

1. 전도하고 선교하는 교회 만들기

전도가 이루어지지 않는 교회는 답답한 정체 현상을 만나게 되고 그렇게 되면 교회가 활력을 잃고 늙어가게 됩니다.

교회는 늘 새 신자가 있어야 활력이 있고 흥이 나고 힘이 나고 기쁨이 있게 되는 것입니다.

소양제일 교회 이주호 목사님의 이야기를 직접 들어 봅시다.

"저는 개척을 하여 교회를 성장시키는 중에 2002년부터는 일대일 양육과 제자훈련을 통한 양육과 훈련 목회에 집중해 왔습니다.

그런데 2004년부터 교회 성장세가 둔화되면서 그동안 느끼지 못했던 정체 현상이 여기 저기서 감지되기 시작했습니다.

특히 목장 모임에서의 정체 현상이 두드러지게 나타나고 있음을 간파하게 되었습니다.

목장이 정체화 되는 것을 분석해 보니

첫째, 목장 모임이 열린 모임이 아니라 점점 닫힌 모임으로 굳어져 간다는 것입니다.

그동안 목장모임에서 "생명의 삶"으로 매일 큐티를 하고, 목장에서는 나누는 모임을 했는데 구역에서 큐티 나눔방으로 전환한 후 목장은 이전에 경험하지 못한 은혜와 감격이 있었습니다.

그런데 2년이 지나니 그 은혜는 점점 그들만의 은혜 나눔의 장소로 변해 새 가족이나 처음 접하는 사람들에게는 너무 어렵게 느껴지고 동화 되지 못하며 목장은 닫힌 모임으로 그 한계를 드러내게 되었습니다.

둘째, 이렇게 목장 모임이 닫힌 모임이 되면서 희미하게 남아 있던 전도의 열기마저 사라지게 되었다는 것이 큰 문제였습니다.

잘 조직된 양육 시스템으로 평신도 리더들은 계속해서 배출이 되었는데 그들이 섬겨야 할 새 가족이 없는 특이한 정체현상이 나타난 것입니다.

이 문제를 해결하기 위하여 이미 가동되고 있던 전도폭발 훈련을 강화해 보기도 하고 전도에 관한 동기를 불어넣기 위하여 애써 보았지만 교회 전체에 흐르는 정체 현상은 해결되지 않았습니다.

그래서 셀 교회에 관심을 두기 시작했습니다.

제가 셀 교회에 관한 지식을 처음 접한 것은 2003년 강원 서지방회에서 개최한 셀 세미나에서였습니다.

그러나 이는 의무적으로 참석한 경우여서 4W 방식으로 모임을 갖는 것이 색다르다는 정도를 이해하고 별로 이해할 수도 수용할 수도 없었습니다.

그러다가 이미 말한 대로 정체현상을 진단하면서 2004년 지구촌 교회에서 실시하는 셀 컨퍼런스에 자발적으로 참여하여 배웠고 2005년도에는 서울 신학대 대학원에서 셀 교회 사역론을 한 학기 수강하면서 성장방편이 아니라 본질로서의 셀 교회에 관한 이해를 갖게 되었습니다.

그리고 양천구 신정동 제자교회에서 있었던 셀 컨퍼런스에도 가서 배우고 책으로 20여권 셀 교회 이론과 실제를 탐구하였습니다.

이런 과정을 통하여 소양제일 교회가 가야 할 길이 셀 교회 시스템을 적용하는 일이라는 확신을 얻게 되었습니다.

그래서 제자훈련 그룹 등 소그룹에서 셀 교회의 필요성을 나누고 소개하기 시작했으나 구체적으로 어떻게 전환해야 할 지 몰라 자신감을 얻지 못하고 있었습니다.

그러던 중 바나바 훈련원 사역갱신학교에서 셀 교회의 이론과 실제를 다루는 훈련에 참여를 권유 받고 1년 동안 훈련을 받고 나니 실천 의지를 얻게 되었습니다.

그래서 훈련원에서 제시한대로 직접 실험 셀을 운영해 보았고 네 번의 수양회와 아가페 만찬 전도를 직접 준비하고 실습을 하면서 할 수 있겠다는 자신감이 생겼습니다.

1년 동안 실험 셀을 인도하고 지도하면서 가장 흥분한 것은 전도가 된다는 것입니다. 한 반년 동안 기도로 준비하면서 아가페 만찬 전도 셀 전도를 실시하였는데 우리 7명 실험 셀에서 7명을 초대하게 되었습니다.

그 전도를 통하여 1명은 그 다음 주일에 교회 나와 등록을 하였고 4명은 목장에서 적응 기간을 거쳐 등록하였고 1명은 목장에만 출석하고 있습니다. 결국 7명중 6명이 전도되는 결실을 경험하였습니다.

그리고 이 경험은 우리 모두에게 가능성을 열어 주었고 자신감을 주었으며 이 소식은 전체 교회가 셀 교회로 가는 긍정적 신호탄이 되었습니다.

이후 용기를 얻어 45개 목장의 리더들을 4개의 소그룹으로 나누어 코칭셀을 열어 리더들과 셀 라이프 경험을 하고 아가페만찬 전도를 경험하고 전체 목장을 셀 교회 시스템으로 전환하는 과정으로 진행하였습니다.

45개 목장에서 1차로 아가페만찬을 실시하여 전도한 열매는 50여명의 새로운 등록 신자를 얻게 되었고 이런 전도 경험은 교회에 활력을 불어넣는 촉매가 되었습니다"

그렇습니다. 교회는 전도가 안되면 침체되고 정체 됩니다.

전도가 이루어질 때 활력이 지속되고 교회는 부흥하게 됩니다.

그래서 전도하는 교회를 세우는 일은 중요하며 셀 교회도 전도가 이루어져야 건강한 셀이 될 수 있습니다.

1) 전도하는 교회 만들기

교회의 모든 사역의 중심은 전도와 선교여야 합니다.

전도하는 교회, 선교하는 교회를 만들어야 하는 과제가 우리의 지상 과제입니다.

어떻게 전도하는 교회를 만들까요?

전도하는 교회를 만들기 위한 몇 가지 전제를 마음에 새겨보면 좋겠습니다.

전도하는 성도, 전도하는 교회

많은 경우 지역교회가 전도 전략이 없는 경우가 많습니다.

전도는 성도 개개인의 전도에만 의존하는 경우가 많습니다.

그러다 보니 강단에서 전도하라고 야단은 칩니다.

"짓지 못하는 개가 개냐? 전도 못하는 신자가 신자냐?" 하면서 전도하라고 야단 치는 경우가 종종 있기는 합니다.

어떤 교회에서는 전도의 은사가 뛰어난 한 사람이 1년에 수백 수천 명 전도하는 경우도 있습니다.

목회자들은 그런 성도가 우리교회도 있었으면 하고 부러워합니다.

그러나 엄밀한 의미에서 전도는 교회가 해야 합니다.

교회가 전도 전략을 가지고 전도하도록 모든 성도를 동원해야 합니다.

교회에서 전도훈련도 실시하고 전도 전략도 가르치고 전략에 따라 성도들을 동원하고 전도하도록 이끌어 주어야 합니다.

전도하는 성도가 많은 교회가 복된 교회입니다.

그러나 전도하는 교회는 더욱 훌륭한 교회 입니다.

교회 지도자들은 교회 공동체가 어떻게 교회가 위치한 지역 사회 구성원들을 전도할 것인가에 대한 전략을 세우고 전도 훈련을 실시하고 전략과 계획에 따라 성도들을 전도 자원으로 동원해야 합니다.

이렇게 말해도 대부분 목회자들은 자신들이 전도의 경험이 없기 때문에 전략을 세워 전도하는 일도 못하는 경우가 많습니다.

그런 의미에서 오늘날 신학교육은 반성을 많이 해야 합니다.

전도학은 가르치지만 전도는 가르치지 못하고, 안 하고 하여 전도에 전혀 자신이 없고 아이디어나 전략도 없이 목회하는 목회자를 만들어 놓는 신학교육은 참 바보 같은 교육입니다.

그렇다고 목회자들은 신학교만 핑계 대고 전도 안 하는 채로 전도전략도 없이 목회하는 것을 정당화 할 수는 없습니다.

C.C.C. 팀에게 전도를 배우든지, 전도폭발 훈련을 받든지, 알파코스를 훈련 받든지 또 다른 전도훈련도 찾아보면 많이 있습니다.

우리 바나바 훈련원에서도 전도훈련을 합니다.

어떤 형태로든지 교회 지도자들은 전도전략을 세울 수 있고 성도들을 전도하도록 훈련 할 수 있어야 합니다.

그리하여 전도하는 교회를 세워야 합니다.

여기서는 물론 뒤에서 셀 교회 전도를 다룰 것입니다.

대부분의 성도들은 전도하기를 어려워합니다.

그러나 일단 전도를 맛보면 전도에 감격합니다.

성도들도 전도 못하는 것을 정당화 하고 있어서는 안 됩니다. 전도를 배우고 훈련 받아서라도 전도해야 합니다.

전도가 어려운 시대

요즘 한국교회가 전도하기 어려운 상황에 놓여 있다고 공감합니다. 사실 그렇습니다.

지금 한국은 포스트 크리스챠니티 시대로 접어 들었습니다.

기독교 전성시대가 지났다는 말입니다.

1945년 해방 당시 우리 나라의 기독교 인구는 약 30만 명이었다고 합니다. 여기서 대략 10년 주기로 배가 되어왔습니다.

1955년쯤에는 약 60만 명이 되고 1965년에는 약 120만 명이 되고 1975년도에는 약 240만 명이 되었습니다.

그리고 이후 10년은 한국에서의 기독교 전성시대를 기록합니다.

1985년에는 약 4배가 된 950만 명으로 성장합니다.

그리고 나서 1995년에는 약 1000만 명이 되고는 그 이후 성장세는 현저히 떨어지고 2000년대 들어서는 신자 수가 감소하는 추세입니다.

아직 감소했다는 보고는 많이 나오지 않고 있지만 정치적 이유에서 감소세를 발표하지 못하고 있는 것일 뿐 실제는 감소하는 상황입니다.

그리고 전도가 잘 안 되는 시대에 접어 들었습니다.

전도를 위하여 몸부림 치고, 총동원하고 해도 잘 안 되는 판국에 기다리고 있어서 신자 수가 늘어나는 일은 거의 없습니다.

적극적으로 전도해야 합니다. 전략을 가지고 전도해야 합니다. 이동 신자로 늘어나는 교회는 그것을 자랑으로 여겨서는 안 됩니다.

불신 영혼을 구원하는 교회가 되어야 합니다. 전도가 어려운 시대는 더욱 적극적으로 전략적으로 전도해야 합니다.

한 영혼의 가치를 아는 교회

어떤 목사님이 성도들을 동원하여 일주일에 한번씩 교회 주변을 돌며 가가호호 방문 전도를 실시했답니다. 그런데도 새 신자를 거의 얻지 못했습니다. 이제는 교회 주변을 또 돌 용기가 나지 아니했습니다.

그래서 이제는 당신네 교회에 나오게 되든 안 나오게 되든 전도 자체를 사명으로 하여 전도하자고 성도들을 타이르고 당신네 교회로 데려오는 일은 포기하고 전도를 위한 전도에 열심을 냈습니다.

오히려 교회에서 먼 지역으로 가서 전도하는 것입니다. 그랬더니 교회에 새 신자를 하나님께서 보내 주시더라고 고백합니다.

그래서 깨달은 것이 전도는 우리 교회 숫자 늘리려고 하는 것이 아니라 영혼 구원을 위하여 행하는 마음을 자신도 갖고 성도들도 그렇게 가르치게 되었다는 것입니다.

그렇습니다. 우리는 전도의 마음가짐부터 새롭게 할 필요가 있습니다. 전도를 우리 교회 신자를 늘려 나가는 사업으로 생각하면 안됩니다.

영혼 구원의 사명에서 보다 순수한 마음을 가지고 전도하도록 모든 성도들을 교육할 필요가 있습니다.

우리의 전도가 멈추게 된 것은 전도의 순수성을 상실한 데 기인하는 점도 있다고 보여집니다.

80년대 우리 형편이 좀 나아지기 시작하고 신자가 많이 불어날 때 우리 한국교회는 예배당을 크게 새로 짓는 운동이 일어났습니다.

기존 신자보다 10배나 수용할 수 있는 큰 예배당들을 짓기 위하여 헌신하고, 그리고는 거의 한결같이 "내 집을 채우라."는 표어를 걸고 큰 예배당을 지어놓고 채우도록 하라고 전도운동을 했습니다.

그리고 거의 새로 지은 예배당들을 채우는 축복을 누렸습니다. 그런데 그리고 나서는 전도는 졸업입니다. 다 채웠기 때문입니다.

누가복음의 "내 집을 채우라"는 말씀은 예배당 채우라는 말이 아니라 크고 넓은 하나님 나라를 채우라는 말씀인데 한정된 예배당을 채우는 것으로 사용하였기에 한계를 정해 놓고 채우고는 그만 전도하게 된 것입니다.

이제 와서 줄어들 때 전도하자고 소리치고는 있으나 한번 꺼진 전도열심은 쉽사리 다시 불붙지 않습니다.

우리는 영혼의 가치 때문에 전도하는 성도, 전도하는 교회가 되게 하여야 합니다.

전도의 순수성과 절대성을 다시 회복해야 합니다.

우리 훈련원에서는 이제 개인 전도가 아니라 구역 전도 소그룹 전도를 가르칩니다.

많은 교회들이 영혼 구원하는 즐거움을 누리게 되었습니다.

그런데 어느 교회가 소그룹 전도를 하도록 가르치고 독려하여 노력했는데 기대치에 못 미쳤습니다.

적어도 20명은 전도하려고 했는데 두세 명 밖에 전도가 안 되었다는 것입니다. 그래서 실망하고는 다시 전도 안 한다는 것이지요. 생각해 보십시오. 20명 목표했는데 3명 밖에 못 구했다고요? 그렇게 말하면 안됩니다. 20명 목표를 했는데 3명이나 구원하게 되었다고 말해야 합니다.

전도 안 했으면 3명도 구원으로 이끌지 못할 것인데 전도를 했기에 3명이나 구원한 것입니다.

우리는 숫자 놀이를 그만 두어야 합니다. 한 영혼의 가치를 소중히 여겨야 합니다. 한 영혼이 돌아 올 때 하나님은 천사들 앞에서 기뻐한다고 했습니다. 한 영혼이 돌아 올 때 잔치를 한다는 말입니다. 3명이면 하나님은 세 번이나 잔치를 했을 것입니다.

지금까지 한국교회가 영혼의 가치보다 숫자 늘어나는 관심 속에 전도를 하려고 했습니다. 머리 수만 세고 있었던 것이지요.

한 영혼의 가치에 전도의 근거를 두십시오.

새 신자가 대접 받는 교회

전도하는 교회를 만들기 위하여 담임 목사로부터 모든 당회원과 제직들 모든 성도들이 한 영혼의 가치에 삶과 교회 활동의 근거를 두도록 하고 새 신자를 소중히 여기고 새 신자를 환영하며 새 신자 우선의 교회 분위기를 만들도록 하십시오.

새 신자 환영 행사를 행하십시오. 새 신자 정착 과정을 두십시오.

2) 연합하여 전도하는 소그룹 Evangelistic Body

자, 이제는 교회가 전체적으로 전도 중심 교회를 만들되 개인전도에만 의존하지 않고 소그룹이 전도하도록 구역이면 구역, 목장이면 목장, 셀이면 셀이 전도하도록 하는 시스템으로 가기 위한 준비를 해 보도록 합시다.

소그룹 교회는 연합하여 전도하는 공동체로서의 성격을 지녀야 합니다.

소그룹의 존재 목적이 전도라고 인식하게 하는 것입니다. 그래서 전도에 총력을 기울입니다.

소그룹 교회의 전도 원리와 전도 방식은 몇 가지 특징을 지닙니다.

오이코스에서 코이노니아로

소그룹 교회의 전도는 우선 오이코스 전도입니다.

오이코스는 집 또는 집안, 일가족을 뜻하는 헬라어인데 넓게는 한 사람이 형성하고 있는 관계망을 의미합니다.

소그룹 교회의 전도는 노방전도나 성시화 운동과 같은 것이 아니고 소그룹 교회의 성격이 가정에서 모이듯이 소그룹 교회의 전도는 이 가족 개념의 오이코스 전도 즉 관계망을 통한 전도입니다.

사람은 가장 가깝게는 가정에서 가족과 더불어 관계를 맺고 살면서 그 관계가 사회로 확대되어 관계를 맺고 살게 되어 있습니다.

그래서 이 관계망을 따라 전도를 하게 하는 것이 가장 효과적입니다.

전혀 모르는 사람에게 복음을 전하는 것은 거의 효과가 적습니다.

알고 서로 신뢰할 만한 경우에 복음을 받아들일 확률이 커집니다.

우리는 안드레의 전도에서 가장 가까운 모델을 봅니다.

요 1:40, 요한의 말을 듣고 예수를 좇는 두 사람 중에 하나는 시몬 베드로의 형제 안드레라
41, 그가 먼저 자기의 형제 시몬을 찾아 말하되 우리가 메시야를 만났다 하고 (메시야는 번역하면 그리스도라)
42, 데리고 예수께로 오니 예수께서 보시고 가라사대 네가 요한의 아들 시몬이니 장차 게바라 하리라 하시니라

안드레는 예수님을 만나고는 제일 먼저 자기의 형 베드로에게 전하여 예수님께로 인도하는 것을 볼 수 있습니다. 우리는 고넬료의 전도에서도 오이코스 관계망을 통한 전도의 예를 봅니다.

행 10:24, 이튿날 가이사랴에 들어가니 고넬료가 일가와 가까운 친구들을

모아 기다리더니

고넬료가 하나님의 지시하심을 따라 복음을 듣고자 하여 베드로를 청할 때에 이렇게 일가와 가까운 친구들을 모아 기다려 베드로로부터 복음을 듣게 됩니다.

여기 일가와 가까운 친구가 오이코스 즉 관계망입니다.

그리고 오이코스 안에 있는 사람들은 접근 가능하고 나의 말을 신뢰하고 받아들일 가능성이 제일 큰 사람들입니다. 그리하여 우리는 일단 오이코스 즉 관계망 속에 있는 사람들을 전도 대상자로 정하고 더욱 친해지며 저들을 위하여 기도하고 전도 접촉을 시도하는 것입니다.

오이코스에서 코이노니아로 이끄는 것이지요

코이노니아란 교제, 친교, 사귐이란 뜻으로 여기서는 사랑과 성령으로 하나된 친교를 의미합니다.

소그룹 교회의 하나된 연합의 친교를 의미하지요?

이미 본대로 요한 사도는 우리의 전도를 코이노니아로 인도하는 것으로 가르친 적이 있습니다.

요일 1:3, 우리가 보고 들은 바를 너희에게도 전함은 너희로 우리와 사귐이 있게 하려 함이니 우리의 사귐은 아버지와 그 아들 예수 그리스도와 함께 함이라

소그룹 교회의 전도는 우리 각자의 가장 가까이에 있는 오이코스 사람들을 더욱 깊이 만나고 이끌어 온전한 코이노니아, 주님과 함께 하는 코이노니아 속으로 이끌어 들입니다. 그래서 코이노니아 속에 임재 하시는 주님을 만나도록 이끄는 것입니다.

현대인들은 예수에 대하여 말하지 말고 예수를 보여 달라고 합니다.

예수님은 코이노니아 임재를 통하여 저들에게 보여집니다.

예수님의 기도 가운데 제자들이 하나되어 하나님의 사랑을 세상이 보고 알게 해달라고 기도한 것을 기억 하십니까?

> 요 17:21, 아버지께서 내 안에, 내가 아버지 안에 있는 것같이 저희도 다 하나가 되어 우리 안에 있게 하사 세상으로 아버지께서 나를 보내신 것을 믿게 하옵소서
> 22, 내게 주신 영광을 내가 저희에게 주었사오니 이는 우리가 하나가 된 것 같이 저희도 하나가 되게 하려 함이니이다
> 23, 곧 내가 저희 안에, 아버지께서 내 안에 계셔 저희로 온전함을 이루어 하나가 되게 하려 함은 아버지께서 나를 보내신 것과 또 나를 사랑하심 같이 저희도 사랑하신 것을 세상으로 알게 하려 함 이로소이다

예수님은 하나됨의 코이노니아를 통하여 세상에 나타나시기를 원합니다. 주님이 우리 코이노니아 속에 오시고 오이코스 사람들이 우리 코이노니아에 들어 오면 그들도 주님을 만나게 되는 것입니다.

소그룹 교회의 전도는 오이코스를 코이노니아로 이끄는 전도를 기반으로 진행됩니다.

그리고는 자신들의 오이코스에서 오이코스 안에 있는 사람, 그들의 오이코스로 확대하여 확대된 오이코스를 전도 대상자로 하며 더 나아가서는 오이코스를 확대해 나가는 노력을 통하여 끊임 없이 이어지는 오이코스 확대로 전도를 계속하려고 시도하게 됩니다.

그물 전도

그 다음 소그룹 교회의 전도는 그물 전도라 할 수 있습니다.

말하자면 각각 혼자 고군 분투하는 개인 전도가 아닙니다.

개인전도에만 의존하게 되면 전도의 은사가 있는 사람은 어느 정도 전도할 수 있지만 개인 전도의 은사가 없는 사람은 아예 전도를 포기하는 수가 생깁니다.

그러나 소그룹 교회의 전도는 소그룹이 공동으로 하는 전도입니다.

그런 의미에서 소그룹 교회 전도는 낚시 전도가 아니라 그물 전도 입니다. 예수님께서 제자들에게 '나를 따라 오너라 내가 너희를 사람 낚는 어부가 되게 하리라' 하셨을 때의 배경은 제자들이 그물을 던져 고기를 낚고 있을 때의 상황입니다.

그물 전도는 혼자 투망식으로 던지는 그물도 있지만 바다에서의 고기잡이는 그물을 내릴 때부터 끌어 올릴 때까지 두 세 사람이 함께 작업합니다.

소그룹 교회의 전도는 혼자 하는 전도가 아니라 소그룹이 공동으로 하는 전도입니다.

공동체 중심의 전도인 것입니다.

물론 제1차적으로는 소그룹 멤버마다 자신의 오이코스에 해당하는 사람을 전도 대상자로 정하지만 소그룹에 의하여 중보 기도가 행하여지고 친밀해 지기가 시도되고 전도 접촉이 시도됩니다.

그러니까 소그룹이 전체적으로 그들을 위하여 기도하며 결정적으로는 소그룹이 하나되어 만드는 아가페 만찬을 베풀고 그들을 초청하여 복음 제시의 기회를 만들며 결신으로 이끌어 내는 노력을 합니다.

그리고 이러한 작업은 계속되고 소그룹 멤버들은 전도되는 사람들을 묶어 소그룹을 개척하고 양육하여 나갑니다.

이렇게 하여 오이코스의 오이코스들이 다시 전도되는 생명라인을 만들어 나갑니다.

그리고 오이코스가 소진하면 소그룹이 공동의 봉사활동이나 공동의 전략과 노력으로 오이코스를 확대해 나가는 공동체 중심적 전도 활동을 합니다.

전략적 기도와 더불어 행하는 전도

소그룹 교회 전도는 소그룹에서 전략적으로 행해지는 전도입니다.
전략적으로 행한다는 것은 계획이 있고 영적 전쟁이 있다는 뜻입니다.
전도는 복음제시만의 설득 전도로 이루어지지 않습니다.
마귀에게 묶인 영혼들을 풀어 내는 전략적 중보기도가 있어야 합니다.
소그룹은 이 중보기도 사역을 통하여 영적 전쟁을 치르고 영혼들을 해방합니다.
예수님이 가르쳐 주신대로 양면 전략을 구사합니다.
중보 기도로 영적 전쟁을 치르며 마귀를 묶고, 영혼을 풀어내는 전략을 구사하고 나아가 전도 대상자를 찾아 내고 복음을 제시하는 양면 전략을 구사하기 때문에 단순한 설득 전도가 아니고 사랑과 능력의 전도입니다.
전투적 전략적 전도를 포함하는 전방위적 전도라 하겠습니다.
소그룹 공동체가 가장 많이 하는 중보 기도는 영혼 구원을 위한 합심 기도입니다. 소그룹 모임은 많은 시간을 영혼 구원을 위한 중보 기도의 시간으로 헌신해야 합니다.

> 마 18:12, 너희 생각에는 어떻겠느뇨 만일 어떤 사람이 양 일백 마리가 있는데 그 중에 하나가 길을 잃었으면 그 아흔아홉 마리를 산에 두고 가서 길 잃은 양을 찾지 않겠느냐
> 13, 진실로 너희에게 이르노니 만일 찾으면 길을 잃지 아니한 아흔아홉 마리보다 이것을 더 기뻐하리라

14, 이와 같이 이 소자 중에 하나라도 잃어지는 것은 하늘에 계신 너희 아
   버지의 뜻이 아니니라
15, 네 형제가 죄를 범하거든 가서 너와 그 사람과만 상대하여 권고하라 만
   일 들으면 네가 네 형제를 얻은 것이요
16, 만일 듣지 않거든 한 두 사람을 데리고 가서 두 세 증인의 입으로 말마
   다 증참케 하라
17, 만일 그들의 말도 듣지 않거든 교회에 말하고 교회의 말도 듣지 않거든
   이방인과 세리와 같이 여기라
18, 진실로 너희에게 이르노니 무엇이든지 너희가 땅에서 매면 하늘에서도
   매일 것이요 무엇이든지 땅에서 풀면 하늘에서도 풀리리라
19, 진실로 다시 너희에게 이르노니 너희 중에 두 사람이 땅에서 합심하여
   무엇이든지 구하면 하늘에 계신 내 아버지께서 저희를 위하여 이루게
   하시리라
20, 두 세 사람이 내 이름으로 모인 곳에는 나도 그들 중에 있느니라

중보 기도에 대한 자세한 공부는 다른데서 또 하게 되겠지만 우선 여기서 영혼을 구원하는 일을 위하여서는 직접 가서 복음 제시하는 전도행위를 해야 할 뿐 아니라 합심하여 기도하므로 영적 사역을 해야 함을 가르쳐 줍니다.

왜냐하면 구원 받지 못한 영혼이나 죄에 빠진 영혼은 영적으로 마귀의 세력에 묶여 있기 때문에 영적 전쟁을 수행하여 마귀의 세력을 묶고 묶인 영혼들을 풀어내는 사역으로서의 중보기도가 필수적입니다.

주님께서는 영혼 구원을 위한 전략으로 양면적 전략을 주셨습니다.

가서 복음 제시를 하는 전도와 모여서 합심하여 기도하는 중보기도 사역이라는 양면적 전략으로 영혼을 구원하도록 하시고 영혼 구원의 사명과 전략을 교회에, 공동체에 주셨는데 소그룹 교회는 이 사명과 전략을

구사하기에 가장 적합한 공동체입니다.

소그룹에서는 각 멤버의 오이코스 관계를 따라 전도 대상자를 정하고 이들이 어두움의 세력에서 풀려나서 그리스도의 복음을 받아 들이고 믿어 구원 얻게 되는 일을 위하여 영적 전쟁으로서의 중보 기도 사역을 공동으로 행합니다.

따라서 소그룹 교회는 영혼을 구원하는 최전선에 서는 영적 전투부대와도 같습니다.

동시에 영혼 구원을 위하여 마귀를 묶고 영혼을 풀기 위하여 기도하는 그 모임 그 공동체에 주님이 임재 하시므로 영적 성육신을 약속하신 것을 주목해야 합니다.

'두 세 사람이 내 이름으로 모인 그곳에는 나도 그들 중에 있느니라.' 예수님께서 이 기도 가운데 임재 하시기로 약속하셨습니다.

소그룹은 바로 예수님이 임하여 오시는 기초 공동체이며 소그룹은 영혼 구원을 위한 뜨거운 사랑의 합심 기도 가운데서 주님의 임재를 체험하며 온전한 코이노니아 경험을 하게 됩니다.

주님이 개인에게는 오지 않는다는 법은 없습니다.

그러나 주님께서는 특별히 합심하여 기도하는 공동체에 오시겠다고 약속하셨습니다.

소그룹의 생명과 감격은 영혼 사랑에 있고 합심 기도에 있습니다.

영혼 사랑의 합심 기도에 주님께서 임재 하시는 체험이 일어나기 때문입니다.

이것은 끊임 없는 소그룹에의 도전이며 소그룹의 정지할 수 없는 사명이요 감격입니다.

영혼 구원을 위한 합심 기도에 대하여는 다른 항에서 자세히 논하여야 하겠습니다만 어쨌든 소그룹 교회는 영혼 구원을 위하여 기도하는 공동체이며 기도하면서 주님을 만나고 체험하고 주님의 임재의 체험을 공유하면서 또 온전한 코이노니아 공동체로 하나가 되는 것입니다.

이것은 단순히 기도로 영적 전쟁을 치르는 것만이 아니라 전도 대상자를 찾아서 전략적으로 접근하는 면을 가지고 있습니다.

소그룹이 특별히 공격 목표로 삼아 기도하고 전도하는 일을 아파트 별로, 지역 별로 실시하기도 합니다. 더 넓게 나갈 때는 여러 문화권 별로 기도와 전도 목표를 정하고 노력하기도 합니다.

이 모든 것은 소그룹이 하나 되어 기도하며 성령의 지시를 받으며 공동체적으로 행하는 영적 사역입니다.

기획 전도

소그룹 교회 전도는 과정 전도이기도 합니다.

태신자 마음에 품기, 태신자를 위하여 중보기도하기, 태신자를 사랑으로 섬기기, 아가페만찬을 준비하고 초대하기, 복음제시 하기, 교회로 인도하고 등록시키기, 등을 오랜 과정 관계와 기도와 사랑과 더불어 자연스럽게 그러나 기획하여 소그룹 모임으로 인도하고 교회로 인도하는 과정과 기획된 전도의 기회를 사용한다는 것입니다.

그러나 소그룹 교회 전도를 강조점에 따라 규정한다면 '기도가 90%요 사랑의 섬김이 9%요 나머지 1%는 기획된 복음제시이다.' 라고 말할 수 있습니다.

2. 소그룹 교회 전도법

전도는 소그룹의 제일의 사명이요, 존재 이유요, 비전이요, 삶의 동력입니다. 소그룹은 초기에는 나눔 과정이 중요하지만 성장할수록 전도에 초점을 두어야 합니다.

소그룹에서 코이노니아가 경험되면 미션으로 나아가야 합니다.

전도하지 않는 소그룹은 죽은 소그룹입니다.

전도하는 소그룹이 될 때 더욱 건강하고 더욱 활기찬 그리고 꺼지지 않는 불로 타오르는 소그룹이 되고 교회가 될 것입니다.

1) 전도를 위한 준비

말씀 품기

우리는 하나님 아버지의 마음이 영혼 구원에 있다는 것을 마음에 품고 살아야 합니다.

- 딤전 2:4, 하나님은 모든 사람이 구원을 받으며 진리를 아는 데 이르기를 원하시느니라
- 마 18:14, 이와 같이 이 소자 중에 하나라도 잃어지는 것은 하늘에 계신 너희 아버지의 뜻이 아니니라

그래서 우리는 하나님 아버지의 마음 품고 영혼을 구원하는 일에 헌신하는 스타가 되기를 다짐합니다.

스타STAR란 소그룹을 전도 우선의 공동체로 만들겠다는 의지를 담은 것입니다. STAR는 세상의 스타는 아닙니다. 하늘 나라의 스타, 영적 스타, 영원한 스타입니다.

스타는 단12:3절과 마2:9-10절에 나오는 스타입니다.

많은 사람을 옳은 데로 인도하는 스타이며 사람들을 예수님께로 인도하는 스타입니다.

소그룹 멤버들은 이 두 성경 구절을 암송하고 늘 마음에 품고 살아야 합니다.

단 12:3, 지혜 있는 자는 궁창의 빛과 같이 빛날 것이요 많은 사람을 옳은 데로 돌아오게 한 자는 별과 같이 영원토록 비취리라

마 2:9, 박사들이 왕의 말을 듣고 갈새 동방에서 보던 그 별이 문득 앞서 인도하여 가다가 아기 있는 곳 위에 머물러 섰는지라

10, 저희가 별을 보고 가장 크게 기뻐하고 기뻐하더라

스타Star라는 말의 독립된 철자들이 다음 같은 의미를 지닌 것으로 기억해 둡시다.

Serving and Spirit-filled- 섬기는 그리고 성령 충만한 사람
Teachable-가르침을 받고 가르칠 수 있는 사람
Available- 시간, 재물, 가정을 내어놓는 헌신적인 사람
Reliable- 책임감 있고 믿을 만한 신실한 사람

많은 사람 중에서 최초의 소그룹을 만들 때는 이 STAR에 해당되는 사람, 아니면 많이 해당되는 사람 순서대로 사람을 선택하여 최초의 모셀 소그룹 멤버로 하여 소그룹 사역의 동역자로 삼습니다.

그러나 더 중요한 것은 STAR로 만들어 가는 것입니다.

그리하여 5 STAR로, 오성 장군으로 길러내는 것입니다.

오성 장군은 다음과 같이 정하고 목표를 달성하는 사역자가 되도록 격

려하고 훈련합니다.

1 Star- 소그룹 사역에 헌신하고 영혼을 위해 기도하는 사람
2 Star- 2대 K-7 자 셀 소그룹을 완성한 사람
3 Star- 3대 K-7 완성 손 셀 소그룹을 갖도록 지도한 사람
4 Star- 제2의 2대 K-7 자 셀 소그룹을 완성한 사람
5 Star- 제2의 3대 K-7 손 셀 소그룹을 완성토록 지도한 사람

2) 소그룹 전도의 특징

소그룹 전도의 특징을 다시 정리하면 다음과 같습니다.

첫째, 소그룹 전도는 관계 전도 즉 오이코스 전도입니다 / Oikos 에서 Koinonia로 이끄는 것입니다

둘째, 소그룹 전도는 공동체적 그물 전도입니다 /소그룹이 공동으로 기도하고 기획하고 실행합니다

셋째, 소그룹 전도는 기도로 하는 영적 전략적 전도입니다

넷째, 소그룹 전도는 과정 전도이며 기획전도입니다/ 오랜 세월 두고 기획하고 기도하고 진행하는 전도 과정으로 다음 같이 행합니다.

영혼을 마음에 품는다.

중보 기도로 사역한다.

친구가 되어 사랑하고 섬긴다.

Agape 만찬에 초대하여 복음을 듣게 하고 예수님 체험으로 이끈다.

코이노니아 소그룹 그룹 지체로 영입한다

교회 등록으로 이끌고 양육하고 돌본다

양육시스템으로 안내한다.

세례 받게 한다.

3. 스타 소그룹 전도 과정 매뉴얼

-16주	-14주	-12주	-10주	-8주	-6주	-4주	-2주	D-Day	+1주
태신자 정하기	하나님 앞에 한 영혼이 천하보다 귀하다면 영혼구원을 위한 투자가 최고 가치다								
	중보 기도	전도의 90%는 기도로 이루어진다 전도가 이루어질 때까지 계속 기도한다							
			나머지 9%는 사랑과 섬김이다. 나머지 1%가 복음제시이다						
				주 1회 이상 만난다					
					적절한 선물은 마음을 열어준다				
					개인 초청	집에서의 식탁은 우정을 깊게 한다			
						오이코스 만찬	세 사람 함께 친구되게 한다		
							초청장 발부	정중한 초청	
								아가페 만찬	
									추수 축제

1) 약 4개월 전에 D-Day를 정한다.

2) 16주 전에 태신자를 기도하고 정한다.

3) 14주 전부터는 본격적인 영혼구원 중보기도를 실시한다.

4) 12주 전부터는 의도적으로 더욱 친해지기 섬기기 사랑하기를 실시한다.

5) 10주전부터는 주간 한번 이상 만나도록 한다. 직접 또는 전화로

6) 8주전에는 간단한 선물을 하라. 그들의 결혼 기념일, 생일, 자녀 생일 등 핑계를 찾아서

7) 6주전에는 한 사람씩 집으로 초청하여 음식을 나누라. 세 사람 각각 그러니까 세 번 나눈다.

8) 4주전에는 세 사람을 함께 초청하여 만찬을 즐겁게 나눈다.

9) 2주전에는 아가페 만찬 초청장을 발부한다.

10) 정한 날에 아가페 만찬을 행하고 복음을 제시한다.

11) 교회적으로는 대 추수 축제예배와 잔치를 한다.

(1) 영혼을 마음에 품기

그룹에서는 1-2주간 기도하면서 D-Day 16주전에 각자 자기의 사랑과 관심이 가는 자기 오이코스 안에 있는 사람을 우선으로 하여 또 장차 자기 그룹에 포함시키고 싶은 사람을 우선으로 하여 중보 기도하고 전도할 대상인 태신자를 우선 3명씩 정하게 하고 VIP라 부릅니다.

전도대상자 이름과 인적 사항을 각각 그룹 식구만큼씩 작성합니다. 그룹 식구가 공유하게 합니다. 개인 기도 시에도 기도하고 그룹 모임에서는 물론 함께 기도하게 됩니다.

이름	성별	생년월일	하는 일	전화번호	종교배경	주소	비고

(2) 중보 기도하기

14주전부터 본격적인 중보기도를 시작합니다. 이는 대추수의 날까지 계속되는 사역입니다. 각각 기도하고 있는 태신자의 명단을 전체가 공유하고 전 그룹원이 합심하여 기도합니다.

중보 기도는 대단히 중요합니다. 사실 전도의 90%는 기도에 달려 있습니다. 나머지 10%중 9%는 사랑하고 친구되는 일이고, 사실 복음제시는 1%로서 준비되고 익은 과일 따는 것입니다.

지난 해에 훈련 받은 목사님 중에 이 소그룹 전도 특히 아가페 만찬 전도를 배우고 교회 가서 성도들에게 가르치고 아가페 만찬 전도를 실시하게 되었습니다.

성도들이 아가페 만찬 전도를 준비하면서 너무 재미있고 즐거워했습니다. 신나게 준비하였는데 막상 그날이 되자 오기로 약속했던 사람들이 얼마 오지 아니했습니다. 그들은 1차적으로 실망했습니다. 잔치를 벌여 놓고 오라는데도 안 오다니 실망이 된 것이지요.

게다가 결신은 더욱 없었습니다. 두 번째 실망이지요.

그리고 나서 소그룹 전도에 대하여 부정적인 생각을 갖게 되었습니다.

수료하기도 전에 이러한 실패경험담을 들은 한 목사님이 왜 실패했을까를 조심스럽게 분석하고 여러 사람의 경험담을 종합한 다음 착실히 준비했습니다.

그리고 배운 대로 철저하게 기도하게 하였습니다.

반년 정도 목장 식구들이 태신자를 위하여 기도하고 사랑의 친구되기 과정을 잘 실행하도록 한 다음 마침내 아가페만찬을 실시한 결과 대 성공을 거두었습니다.

그 목사님은 조심스럽게 교회성장의 키를 잡은 것 같다고 간증하는 것을 들었습니다.

그렇습니다. 전도의 90%는 기도에 달려 있습니다. 기억하시고 이 과정을 중요하게 여기고 실행하십시오.

영혼구원 중보기도 사역을 본격적으로 해야 합니다.

"이제부터 약 30분 정도 영혼 구원을 위한 중보 기도를 드리는 시간을 갖도록 하겠습니다. 우리의 기도를 통하여 몇 사람의 영혼이 구원 받게 된다는 것은 얼마나 놀라운 특권이며 감격스러운 사역이겠습니까? 먼저 우리 지역 전체를 위하여 기도하겠습니다. 복창으로 기도하겠습니다." 하고는 아래 전체 중보 전체 선포 전체 축복을 리더가 선창하고 모두가 복창하여 기도하고 나서 "이제 우리가 담당한 영혼들을 위한 관심과 사랑을 나누고 그들을 위하여 중보 기도를 드리기로 하겠습니다. 영혼을 구원하는 데는 해산의 산고가 있을 것입니다. 힘을 다하여 열심으로 기도하십시다." 하고 둘러 앉아 자기들의 전도 대상자에 대한 최근 동향을 나누고 함께 기도합니다.

이때는 통성 기도나 돌림기도를 할 수 있을 것입니다.

영혼 구원을 위한 전략적 중보 기도를 선포하고 온 그룹원이 함께 기도에 돌입하게 인도하는 것입니다.

그런데 어떤 내용으로 중보 기도를 드리고 사역을 하게 하는 것인가가 더 구체적으로 제시 되면 좋겠다고 생각하겠지요.

중보사역에서 이미 다룬 것입니다만 전도만 생각하는 사람들이 바로 알도록 여기 그 내용을 견본으로 제시합니다.

중보 기도 사역은 /전체 중보/전체 선포/전체 축복/ 개체 중보/개체 선포/개체 축복/의 순으로 하며 개체는 담당한 영혼 하나 하나를 다 기도해 나가는 것입니다.

★ 전체 중보

먼저 지역 전체를 위한 중보 기도를 드리는 것입니다.

청주에 있는 교회 같으면 청주시 전체를 위하여 기도 하는 것입니다.

그러나 초기에는 교회가 위치한 구나 동을 위하여 기도하다가 기도 사역이 성장하고 능력이 경험 될 때 청주시 전체로 확대하여도 좋을 것입니다. 기도의 예문은 다음과 같이 할 수 있을 것입니다.

주님, 우리가 청주시와 청주시에 살고 있는 영혼들을 주님의 은혜와 능력의 손에 중보 하여 올리며 기도합니다.
오, 주님 청주시에 임하시고 통치 하사 청주시에서 어두움의 영들을 묶어 버리시고 청주시민들의 영혼을 풀어 내사 자유케 하시고 해방시켜 주옵소서.
청주시민들이 자유케 되어서 예수 믿고 구원 얻어 하나님을 찬미하는 백성이 되게 하옵소서.
저들에게 주님의 구원의 뜻을 이루시고 복을 내리시며 사랑과 은혜를 내리시사 청주시민 모두가 하나님의 은혜와 사랑과 복 주심을 받아 누리게 하옵소서. 할렐루야.

★ 전체 선포

지역 전체를 주님의 손에 올려 중보 기도를 드리고 나서 할렐루야를 선포하고 잠시 호흡을 가다듬고는 이제 청주시에서 활동하며 영혼들을 포박하고 있는 어두움의 영혼들이 묶이도록 그들을 향하여 믿음으로 선포하는 일을 할 수 있고 또 해야 합니다.

교회에게 주님은 어두움의 권세를 묶는 권세를 주셨으며 어두움의 영들을 묶는 사명도 주신 것입니다. 마16:19, 18:18.

내가(우리가) 만왕의 왕이신 예수 이름으로 명하노니 청주시에서 어두움의 영들은 묶일지어다.

이 땅에 주 예수 그리스도의 나라가 임하느니라.

예수 십자가의 보혈로 너희의 궤계는 패한 줄을 우리가 아노라.

너희는 더 이상 이 땅의 영혼들을 포박할 수 없느니라.

영혼들을 풀어 놓으라.

우리 주 예수의 나라가 임하실 지어다. 할렐루야

★ 전체 축복

이처럼 믿음으로 영적 대적을 향하여 명령을 선포하고 나서 잠시 호흡을 다시 가다듬고 이제는 청주 도시 전체와 그 시민들을 향하여 축복을 선포합니다.

정직한 자의 축원을 인하여 성읍은 진흥한다고 하였습니다.

잠11:11, "성읍은 정직한 자의 축원을 인하여 진흥하고 악한 자의 입을 인하여 무너지느니라"

이제 우리가 예수 그리스도의 이름으로 축복하노니 청주시민들은 어두움의 영으로부터 벗어나 자유케 될지어다.

자유케 되어 예수 믿고 구원 얻게 될지어다.

구원 받아 하나님의 사랑과 은혜와 축복을 받게 될지어다.

하나님을 찬미하는 백성이 될지어다.

청주시에는 우리 주 예수 그리스도의 나라가 임할지어다. 할렐루야.

★ 개체 중보

그리고 나서는 이제 한 사람 한 사람 개체 영혼을 중보 하여 주님께 기도로 올리는 것입니다. 기도의 내용은 전체 중보나 비슷하게 하는 것입니다. 다만 구체적인 영혼의 이름을 들어 주님께 올리는 중보 기도가 되어야 합니다.

오, 자비로우신 하나님 아버지 우리가 하나님 아버지의 은혜와 능력의 손에 김일순 자매를 중보 하여 올리오니 주님 받으시고 인치시옵소서.
주님 저에게 임하시고 역사하사 김일순 자매에게서 어두움의 영은 묶어서 몰아 내시고 그의 영혼을 자유케 해방하사 저가 예수 믿고 구원 얻고 하나님의 은혜와 사랑과 축복을 누리며 하나님을 찬미하는 하나님의 친 백성이 되게 하시고 주님은 저를 통하여 영광을 받으시옵소서. 할렐루야.

★ 개체 선포

이 또한 전체 선포와 같은 방법이나 이제 구체적인 영혼을 위하여 그에게서 어두움의 영이 묶이고 떠나도록 선포하는 것입니다.

이제 내가 예수 그리스도의 이름으로 명하노니 김일순 자매에게서 어두움의 영은 묶이고 떠날지어다.
예수 그리스도께서 김일순 자매를 위하여 보혈의 피를 흘리신 것을 근거로 네가 그에게 더 이상 아무런 권세도 주장할 수 없음을 선포하노라. 그를 풀어 놓아 자유케 하라. 그에게서 떠나라. 할렐루야.

★ 개체 축복

여기서도 전체 축복과 같은 방식입니다. 역시 구체적인 대상을 향하여 축복하는 것입니다.

내가 예수 그리스도의 이름으로 축복하노니 김일순 자매는 이제 어두움의 영에게서 벗어나 자유케 될지어다.
자유케 된 영으로 예수 이름 믿어 구원 받게 될지어다.
하나님의 사랑과 은혜와 축복을 받아 누리게 될지어다.
하나님을 찬미하는 하나님의 친 백성이 될지어다. 아멘. 할렐루야.

★ 다른 개체를 위한 중보, 선포, 축복을 계속해 나간다.

이제 담당한 영혼 한 사람 한 사람 모두를 위하여 개체를 위한 중보기도와 선포와 축복을 계속해 나가는 것입니다.

위에 든 예문들은 최소한의 간략한 예문들입니다.

이러한 예문은 참고로 하고 마음에 영감이 오는 바를 따라 더 간절히 기도도 하고 더 강력한 언어로 대적을 묶기도 하고 더 확신에 찬 언어로 더 많이 축복을 할 수 있을 것입니다.

(3) 태 신자와 친구 되기

12주 전부터는 의도적으로 더 열심히 친구되기를 시행합니다.

용지에 기록된 영혼은 그룹이 하나되어 전도할 대상이므로 우선은 각자가 적어낸 자기 오이코스의 사람을 우선적으로 책임지고 그룹원은 그룹에서 나온 전 대상자를 공동책임으로 전도할 것이므로 함께 친구 되기에 힘을 씁니다.

전도대상자를 각각 때로는 함께 만나고 친해 집니다.

10주전부터는 주간 한번 이상 직접 또는 전화로 만나도록 합니다.

8주전에는 간단한 선물을 합니다. 그들의 결혼 기념일, 생일, 자녀 생일 등 핑계를 찾아서, 핑계를 만들어서 선물하는 것은 자연스럽고 효과적입니다.

6주전에는 한 사람씩 집으로 초청하여 음식을 나눕니다. 세 사람 각각 그러니까 세 번 나누는 것이지요. 개인적인 친밀감을 위한 개인초청 만찬입니다.

4주전에는 세 사람을 함께 초청하여 만찬을 즐겁게 나눕니다. 함께 셀 멤버가 될 가능성이 있는 전도대상자들이 미리 함께 교제하고 자신과도 사귐이 깊어지게 하며 아가페만찬에 자연스리 이끌려 나오게 준비시키는 과정입니다.

이상은 필수 사항이고 그 외에도 기회를 만들어 자주 만나고 섬깁니다.

잦은 방문과 인사 나누기/ 매주 1회 정도는 찾아가든 초대하든 만나며 인사를 나눕니다.

음식 나누기/특별한 음식을 하게 되거나 해서라도 자주 나눕니다.

생일과 기념할 만한 일 축하하기/ 대상자 본인은 물론 가족들 생일을 챙겨 간단한 정성의 선물과 축하 메시지를 카드에 적어 축하합니다.

입학, 졸업, 진급 등 축하할만한 일은 무엇이든 핑계 삼아 축하합니다.

우리 집 생일에는 초대합니다.

도와줄 일을 찾아서 섬깁니다. 쇼핑 갈 때 대신 쇼핑을 해주거나 차량 제공, 아이 병원 갈 때 차량 제공 또는 다른 남은 아이 돌보아 주기 등, 김

장철 도움의 손길, 경조사 돕기 손길, 혹 이삿짐 묶기 풀기 등 무엇이든 자연스럽게 섬길 수 있는 것은 찾아서라도 섬깁니다.

핵가족화 되어 살고 있는 현대인들은 도움의 손길이 이웃으로부터 올 때 그것이 절실한 도움이요, 감사한 도움이 됩니다.

만남과 섬김은 전도의 과정에 필수적입니다.

마음 밭을 옥토로 만드는 과정입니다.

이 기간 동안은 본인이 자청하지 않는 한 교회 다니자는 말을 하지 않습니다. 조건 없이 섬기는 것입니다.

(4) VIP초청 아가페Agape 만찬

아가페 만찬은 그동안 기도해 온 태신자를 초청하여 갖는 만찬입니다. 아가페란 한 단어로 쓸 때는 사랑이라는 뜻의 단어 입니다.

그러나 풀어서 철자를 쓸 때 다음과 같이 사용합니다.

A-Anyone Can Come(누구든 오십시오)
G-Gospel Talk(복음 이야기가 있습니다)
A-Ask Anything(무엇이든 물어 보세요)
P-Pasta(맛있는 식사가 있습니다)
E-Edify one another(서로 세워 줍니다)

아가페 만찬은 전 그룹원이 힘을 합하여 진행합니다.

아가페 만찬 전도의 주간을 정하고 각 그룹이 전도할 날짜를 가능하면 한 주에 요일을 달리하여 한꺼번에 추진합니다.

적어도 한 달 안에 모두 해야 합니다.

날짜를 정하고 한 집에서 점심이나 저녁 음식을 차리고 전도대상자를 초대하여 함께 하는 만찬입니다.

이름 그대로 사랑으로 준비하고 사랑으로 섬기는 만찬이어야 합니다.

초대장은 예쁘게 디자인하여 만들어 사용합니다.

이 만찬을 위해서도 기도로 준비하여야 합니다.

만찬 날짜를 정하면 이 일을 위하여 전체 그룹이 일주일 동안은 날마다 모여 기도합니다.

그리고 당일에는 미리 모여서 준비하고 점검하며 기도합니다.

기도로 준비한 만찬석에는 주님께서 임재하시고 변화와 구원의 역사를 행하십니다.

★ 잔치주인

아가페 만찬의 잔치주인은 그룹 리더의 책임하에 전 그룹원이 섬깁니다. 짝 그룹이 와서 손으로 돕는 일을 하고 주인들은 손님 맞이에 더 시간과 정성을 할애 합니다.

여기서 짝 그룹이란 서로 돕기 위하여 다른 그룹과 짝으로 품앗이 합니다. 즉 어떤 그룹이 잔치주인일 때는 다른 날 만찬을 하는 짝 그룹 식구가 보조로 봉사합니다.

보조는 음식을 만들고, 나르고, 차리고 하는 일들을 거들면서 뒤에서만 봉사합니다.

손님을 안내하고 맞이하는 일은 잔치주인이 주로 하게 합니다.

잔치주인과 보조는 만찬 준비와 초청과 만찬 내내 섬김과 친절로 손님들을 감동시키도록 노력합니다.

★ 장소

그룹원 중 어느 집이든 손 대접하기에 편리하고 방해 받지 않을 집 거실이 장소가 되는 것이 좋습니다.

그러한 거실이 그룹원 모두에게 가능할 때는 돌아가며 주최할 수 있습니다.

학생들인 경우는 부모의 동의와 협조가 필요하지요.

이 일이 어려우면 교회의 공간을 활용할 수 있습니다.

장소는 간결하면서도 감동적인 느낌이 들도록 장식 합니다.

우선 대문 밖에는 주최하는 곳임을 알게 하는 표지와 환영의 말을 써 붙입니다.

현관에나 방에도 "환영합니다" "사랑합니다" "축복합니다" 등의 문구를 적어 붙이기도 하고 손님들 이름을 적은 풍선을 띄어 놓기도 하고 꽃 꽂이나 화분 등도 적절히 배치하고 식탁에도 간단한 꽃 장식이나 촛불 장식 등 멋과 분위기를 좀 내는 것이 좋습니다.

구역원 외의 다른 멤버나 청년 회원 등 교회의 다른 성도의 도움을 요청해서라도 할 수 있습니다.

손님들이 왔을 때 자기들을 위하여 특별한 정성을 쏟았다는 것에 감동 받도록 하는 것입니다.

★ 영접

만찬이 있는 집 대문에는 환영 플래카드를 내걸고 문간에서 손님들을 정중하고 친절하게 맞이하고 안내하여 거실로 모셔 들입니다.

너무 여러 사람이 요란하게 맞이할 필요는 없고 정중하고도 친절하게 미소로 맞이합니다.

식사가 시작될 때까지 혼자 어색하게 앉아 있는 태신자가 없도록 초청자는 태신자 주변에 머물며 대화합니다.

그리고 자기 태신자를 좌중에 소개하여 서로 인사하게 합니다.

★ 식사

식사는 정성껏 마련하고 보기 좋게 만들어 예술 작품이 되게 합니다.

고기류나 탕, 찌개보다는 김밥, 초밥, 샌드위치, 약밥, 떡 종류, 과일 등에 간단한 요리를 더할 수 있고, 가능하면 간단하나 모양을 낼 수 있는 종류로 하는 것이 좋겠습니다.

잘 차려 놓고 식탁보나 깨끗한 종이로 덮어 놓고 있다가 손님들이 거의 오면 "자 이제 즐겁게 식사를 나누십시다" 라고 잔치주인이 말하고 식사를 자유스럽고 즐겁게 할 수 있도록 섬깁니다.

식사 기도는 생략합니다.

식사 중 멋없이 서로 모르는 사람끼리 말 없이 식사하게 두지 말고 유모어를 준비하여 간간이 웃게 하여 어색한 분위기를 즐거운 분위기로 바꾸어줍니다.

★ 게임과 상품

간단한 게임을 준비합니다. 쉽게 누구라도 즐기며 서로 웃고 박수 치고 하면서 마음을 열게 하는데 도움이 될 게임을 준비합니다.

가위 바위 보 게임을 비롯하여 넌센스 퀴즈 등을 준비합니다.

게임 룰에 따라 승자나 맞춘 자에게 상품을 준비하였다가 줍니다. 간단한 게임을 몇 개 소개합니다

☆ 가위 바위 보 게임

둘씩 짝을 지어 가위 바위 보 게임을 합니다.

이긴 사람은 손을 듭니다. 손든 이긴 사람끼리 다시 둘씩 가위 바위 보를 합니다.

이긴 사람은 손을 듭니다. 이렇게 하여 최종 승자에게 상품을 줍니다.
 한번 더 할 수 있습니다.

이 때는 방법을 바꾸어서 합니다. 전체가 한번에 가위 바위 보를 하여 이긴 사람은 남아 있고 나머지는 탈락합니다.

다시 반복하여 마지막 이긴 사람 몇 사람에게 상품을 줍니다.

소 그룹이니까 세 번 정도 해서 남아 있는 사람은 전원 상을 주면 좋을 것입니다.

☆ 퐁당 퐁당

오재미나 탁구공 또는 필름통도 좋습니다.

두어 개 준비하여 가지고 양쪽에 공을 주고 두 손을 앞으로 펴고 손에서 손으로 전달해 주면서 퐁당 퐁당 노래를 부르다가 정지 합니다.

공을 들고 있는 사람은 벌칙 또는 상품 카드를 뽑습니다.

미리 써 둔 카드를 통에서 꺼내면 거기 쓰인 대로 벌 혹은 상을 받습니다.

벌칙은 어려운 것을 내면 안되고 '자기 자랑'(한마디로 자기 자랑하세요.) '웃겨 보세요'(여기 모인 우리를 한번만 웃겨보세요.) 등 간단한 것

이고 쉽게 할 수 있는 것이어야 합니다.

한 편 상품 카드는 '치약 보너스' '비누 보너스' 라든지 준비한 상품과 일치하게 하여 공을 든 사람이 오히려 상품을 받습니다.

☆ 자동차 운전 안마해 주기

원을 그리고 앉습니다.

그리고 좌향좌 또는 우향우 하여 한 방향으로 보게 하고 앞 사람 등을 두들겨 주게 합니다.

사회자가 "자동차가 고향으로 출발합니다. 10킬로로 운행합니다." 하면 천천히 등을 두들 깁니다.

"20키로로 갑니다" "30킬로로 갑니다" "40" "50" 점점 높이면 점점 빠르게 두들깁니다.

("앞에 장애물이 나타났습니다. 좌회전하세요" 하면 목을 살짝 왼쪽으로 돌리게 하고 "우회전 하세요" 하면 오른쪽으로 살짝 돌리게 합니다. 이 부분은 서로 밀착하여 앉아있지 않으면 잘 안되니 생략할 수도 잇습니다.) 다시 운행하다가 "목적지에 도착했습니다" 하면 정지 합니다.

"이제 돌아 갑니다" 하면 방향을 서로 바꾸어 교대 합니다.

스킨쉽도 좋고 안마도 좋고 서로 웃으며 마음을 여는 데도 좋습니다.

☆ 넌센스 퀴즈

넌센스 퀴즈를 하고 맞추는 사람에게 상품 줍니다.

우리나라에서 제일 큰 도시는? 거창

가장 바쁘고 분주하게 사는 도시는? 부산

양복을 꼭 맞게 잘 맞추는 도시는? 안성

성스러운 남자들만 사는 도시는? 성남

가족 계획이 잘되는 동네는? 한남동

땅값이 가장 싼 동네는? 일원동

서울 시청에서 가장 먼 동네는? 만리동

길 잃은 아이가 가장 많이 발생하는 동네는? 미아동

학생들이 가장 좋아하는 동네는? 방학동

소금 창고가 많은 동네는? 염창동

무신론자가 가장 많이 사는 동네는? 무교동

언론인이 많이 사는 동네는? 기자촌

이외에도 많은 넌센스 퀴즈가 있습니다.

그러나 넌센스 퀴즈는 나이 많은 어른들에게는 부적절합니다.

젊은 층일수록 잘 될 것입니다.

초청된 그룹의 연령에 따라 어떤 게임을 할까를 고려하고 준비 합니다.

게임 시간은 10-20분 정도가 좋을 것입니다.

☆ 함께 노래 부르기

함께 노래 부르기는 두 가지 목적이 있습니다.

게임으로 웃고 떠들고 한 분위기에서

첫째, 누구나 노래는 싫어하지 않으므로 마음을 모으는 효과가 있고

둘째, 사람들의 정서를 자극하여 간증을 듣든지 복음을 들을 때 감동을 받도록 마음을 여리게 만들도록 합니다.

대체로 유행가요는 부정적이거나 슬프거나 외롭거나 한 것들인데 이

러한 감정을 건드리고 거기 대비되는 행복과 소망과 능력의 복음을 제시하게 됩니다.

셋째, 장차 찬양과 찬송을 부르는 연습의 출발점이 될 것입니다.

이 때의 노래는 물론 불신자도 함께 할 수 있는 노래를 부르는 것이 좋습니다.

먼저 "즐거운 나의 집""연가" "사랑으로" "개똥벌레" "인생은 미완성" 등 건전가요나 가곡을 부를 수 있을 것입니다.

★ 간증

간증은 비슷한 연령대의 동성이 그리고 가능하면 갓 신자가 된 감격을 가지고 있는 새 신자가 하도록 하는 것이 좋습니다.

그리고 간증은 거창한 사건을 이야기 하는 간증보다 일상적 삶에서 변화를 경험한 평범한 간증이 더 좋습니다. "

[하늘에 속한 사람이라는 책에 나오는 간증들은 대단한 것이지만 평범한 사람들에게는 두려움을 줄 뿐입니다.

일상이 권태롭고 짜증 나는 삶이었는데 예수 믿고 나서 삶이 기쁘고 활력을 찾았다든지 남편이 미웠는데 예수 믿고 사랑을 알게 되고 행복하게 되었다든지 하는 평범하나 공감이 가는 그러나 확신에 찬 간증이 좋습니다.

구역원들이 하루는 간증을 작성하는 시간을 갖고 그중에서 간단하면서도 감동적인 간증을 골라 그 날의 간증자로 삼습니다.

간증을 미리 작성하게 하여 리더가 검토해 보고 다듬어 주기도 합니다.

간증도 10분 정도의 간단한 간증을 사용합니다.

☆ 간증 작성법

간증작성은 영자 BEST를 기준으로 작성합니다.

B Before/ 이전 이야기 예수님을 믿기 이전 자신의 삶이 어떤 것이었나를 말합니다. 여기서 듣는 이들이 보편적이며 공통적으로 공감할 수 있는 쪽의 이야기를 택합니다. 이전의 것이라 할지라도 자신의 깊은 죄나 무서운 시련 등은 말하지 않습니다.

일상적 삶의 이야기를 중심으로 합니다.

E Events/ 구원으로 이끌어준 사건들 어떤 상황이 자신을 예수 믿게 이끄는 일들이었나를 말합니다.

심한 불안감에 빠졌었는데 평안을 찾게 되었다든지 외로운 삶이었는데 전도자의 사랑을 체험하게 되었다든지, 예수님께로 생각을 돌리게 한 계기등을 간단히 말합니다.

S Salvation Day/구원의 날 언제 어떻게 예수님을 영접하고 구원 받게 되었는지를 설명합니다.

예수님에게 초점을 맞추고 그분의 사랑을 느끼거나 그분의 은혜를 깨닫거나 한 이야기와 그분을 영접한 이야기입니다.

자신이 예수님을 영접하게 된 이야기를 들려 주는 것은 듣는 사람도 그렇게 예수님을 영접할 수 있다는 암시를 주게 됩니다.

T Today/ 오늘 나는 이제 예수님을 영접한 오늘의 나는 어떤 기쁨과 축복을 누리는지를 간증합니다.

리더는 "이제 우리 친구 000께서 자신의 삶에 일어난 축복스런 일에 대한 간증을 잠시 나누는 시간을 갖도록 하겠습니다."라고 멘트하고 간증하게 합니다.

★ 막간 송

간증을 듣고 나서는 음악 인도자가 선창하여 "인생은 미완성" 같이 인생을 생각하게 하는 노래를 다같이 한번 더 부릅니다.

복음이야기로 넘어가기 위한 것입니다.

★ 복음 이야기

"여러분 인생은 미완성이라는데 기왕에 사는 인생 보다 복되게 보다 기쁘게 보다 보람 있게 살아 가야 하지 않을까요?

이제 000님께서 어떻게 하면 기쁘고 행복한 삶을 살 수 있을까 하는 복된 이야기를 나누시겠습니다." 라고 멘트 하고 복음 이야기로 들어 갑니다.

복음 이야기는 구역장이 담당하는 것을 원칙으로 합니다.

그러나 구역장이 배우기 전에는 담임 목사님이나 훈련된 선배를 초청하여 시행할 수 있습니다.

훈련 방식은 일단 자기들이 주최한 아가페 만찬에서 리더가 복음 이야기 하는 것을 한 번 보게 되겠지요.

그리고 나서는 각자가 복음 이야기를 읽고 또 읽고 암송할 만큼 하게 하고 구역 모임 중에 한 사람씩 시범을 보이게 하고 평가와 보완 지도를 해 주는 방식으로 합니다.

원칙적으로 구역장이 해야 합니다.

그만큼 연습을 시켜 주어야 합니다.

그러나 인간사에는 예외도 있습니다.

구역장이 아무래도 자신 없다 하면 대신 복음 이야기를 해 줄 사람을 초청할 수 있습니다.

다만 동성의 사람이 오는 것이 원칙입니다.

여성 그룹에는 여성 토커가 남성 그룹에는 남성 토커가 하는 것입니다.

복음 이야기를 하기 위해서는 전도지 그림판을 준비해 둡니다.

★ 선물

결신기도가 끝나면 축하하고 선물을 나누어 줍니다.

이 때 카드도 동봉하거나 함께 주는데 카드에는 와서 함께 한 시간이 기쁘고 감사하다는 내용과 오는 주일 날짜와 시간을 적어 교회에서 만나자는 초대의 인사를 써 넣습니다.

(5) 대 추수의 날

대추의 날은 연간 계획에 미리 넣어 1년에 두 차례 봄, 가을로 정해 놓습니다. 그리고 전 그룹이 이에 맞추어 전 주일까지 다 아가페 만찬을 실시하게 합니다.

주일 예배를 대추수의 날 축제 예배로 정하고 새신자들이 오게 된 것을 감사하고 헌정하고 축복하는 축제 예배를 드리고 새신자와 전도자가 함께하는 점심 잔치를 열어줍니다.

이 날에는 환영과 축복의 꽃다발과 선물도 준비하여 선물합니다.

★ 추수의 날 축제 매뉴얼

일시/ 각 그룹이 아가페만찬을 통하여 전도가 이루어진 직후의 주일이 되겠는데 미리 정해진 날이며 봄, 가을 두 차례 정해 놓습니다.

이날 예배에는 새신자가 그룹별로 리더와 함께 앞으로 모여 앉도록 자리를 지정해 주고 앉힙니다.

예배를 진행하는데 할 수 있는 한 예배순서를 간단히 하여 드립니다.

설교 후에 새신자 축복의 시간을 넣습니다.

이 시간에는 그룹 리더가 새신자들을 인솔하여 앞으로 나와 서서 주님께 올리며 축복하는 시간을 갖습니다.

"한 영혼을 천하보다 귀히 여기시는 하나님 아버지 오늘 종이 우리 주 예수 그리스도의 이름으로 OOO씨, OOO씨, OOO씨를 주님의 은혜와 능력의 보좌 앞에 올리오니 인치시고 복을 부어 주시옵소서, 아멘"

돌아서서 회중을 향하여 인사합니다.

그룹 리더가 "여러분 하나님이 사랑하시는 영혼들이 우리의 형제로 왔습니다. 사랑하여 주시고 격려해 주세요." 라고 소개하고 인사하면 회중은 열렬한 박수로 축하하고 격려합니다.

이 때 새신자 부에서 준비한 선물을 줍니다.

모든 그룹이 이렇게 한 후 담임 목사는 이들을 축복하여 기도해 줍니다.

예배가 끝나고 새신자를 위한 만찬을 베풀어 축하해 주고 새신자와 獻身자가 어우러져 성대한 잔치를 합니다.

장소가 허락하면 가든파티를 해도 좋겠지요.

(6) 교회 등록과 정착과정

결신 후에는 대추수의 날까지 기다리지 말고 바로 다음 주일 교회로 인도해 내고 등록 시키며 새 신자 정착과정에 들어갑니다.

새신자 정착과정은 새신자 영접위원회에서 섬기도록 미리 훈련시켜 두며 한 사람에 한 사람씩 담당하여 섬깁니다.

★ 응용의 융통성

중, 고등부나 청년들의 경우는 이와 같이 한번에 복음제시까지 하는 것이 좋으나 용어는 그들의 용어로 바꾸어 적용할 필요가 있습니다.

장년들의 경우는 단번에 복음제시까지 가는 것이 좀 격해 보일 수도 있습니다.

장년부에서는 만찬을 두 번 나누어 시도하는 것도 좋습니다.

한번은 소그룹에서 초청하여 간증만 하는 모임으로 행하고 약 2주정도 후에 교구별로 함께 두 번째 초청을 조용한 음식점을 독점적으로 예약하여 음식점에서 두 번째 만찬을 행하며 복음 제시하도록 하면 좋습니다.

작은 교회에서는 교구별로가 아니라 교회전체적으로 시행하는 셈이 되겠지요.

그리고 대 추수의 날 잔치까지 세 차례 잔치하며 첫 번에는 간증, 두 번째는 복음제시와 결신 세 번째는 교회 등록으로 이끌면 좋겠습니다.

2장 미션(Mission)

3장
복음이야기

I

서론

1. 개인전도의 경우

(여기 있는 그림을 같이 볼까요!)

잇는 말 ⇨ 이런 그림 보신적 있으세요?

이 그림은 사람의 세가지 얼굴 모습인데, 선생님은 혹시 '좋아요!' '기뻐요!' 하실 때가 많으십니까?

'죽겠어요!' 하실 때가 많으십니까?(또는, 좋고 행복한 일이 많으십니까? 불행하고 불만족스럽고 짜증나는 일이 많으십니까?)

- (대답) '좋아요!' 일 때.

공감: 아 그러세요~ 요즘 좋은 일이 많으신가 보군요. 어떤 일이 그렇게 좋고 기쁘십니까? ^^*

잇는 말 ⇨ 정말 축하 드립니다!

그런데 제가 더욱 행복하고 감격스러운 삶을 소개해 드리겠습니다.
- (대답) '죽겠어요!' 일 때

공감: 아 그러세요~ 요즘 힘들고 어려운 일이 많으신가 보군요!
고민되는 일이 어떤 일이 있으신지 여쭤봐도 괜찮을까요?

잇는 말⇨ 걱정하지 마십시오!

제가 '죽겠어요!' 에서 벗어나서 '기뻐요!' 의 삶으로 안내해 드리겠습니다. (영원한 기쁨의 선물을 전해 드리겠습니다.)

2. AGAPE 만찬의 경우

"먼저 여기 간단하게 그려진 그림을 주목하시지요.
이런 그림 보신 적 있습니까?
이 그림은 우리 인생을 잘 표현한 얼굴인데 제가 질문을 드리겠습니다.
여러분은 좋고 행복한 일이 많으십니까?
불행하고 불만족스럽고 짜증나는 일이 많으십니까?
여러분의 인생은 어느 얼굴에 해당된다고 생각하십니까?
'좋아요, 기뻐요' 인생이라고 생각되십니까? 축하합니다.

오늘 그런 분들에게는 더욱 행복하고 더욱 감격스러운 삶을 소개해 드리겠습니다. 혹 여러분의 인생 얼굴이 찡그린 얼굴 '죽겠어요!' 인생 얼굴이라고 생각 되십니까?

그런 분도 걱정하지 마십시오.

오늘 그런 분들에게는 확실하게 웃는 얼굴 '좋아요!' 또는 '기뻐요' 인생의 길로 안내하여 드리겠습니다."

II
복음 제시

1. 사람의 본래 모습은 '좋아요!' 입니다.

1) 이 세상에 존재하는 것 중에 가장 귀한 것이 무엇일까요?
- 존재하는 것 중에 가장 귀한 것은 바로 당신(선생님)이십니다.
  성경은 말합니다.
  '하나님께서 하나님의 형상대로(모습대로) 사람을 창조하시되, 남자와 여자를 만드셨습니다.' 창 1:27
  '사람의 코에 생명의 숨을 불어 넣으시고~ 에덴에 동산을 만드시고 ~ 생명나무를 선물로 주셨습니다.' 창 2:7,9

2) 왜 선생님이 가장 귀한 존재입니까?
- 존재하는 것마다 만든 자가 있습니다.

여기 첨단 과학기술이 들어간 핸드폰이 있는데 이것이 우연히 생긴 것이라고 결코 생각할 수 없을 것입니다.

반드시 존재하는 것마다 만든 자가 있습니다.

① 하늘과 땅을 지으신 창조주 하나님이 사람의 코에 생명의 숨을 불어 넣으셔서 하나님 자신의 존귀한 모습(형상)대로 남자와 여자를 만드시고 하나님의 사랑 받는 자녀가 되게 하셨습니다.

② 또한 '에덴에 동산'을 선물로 주셔서 삶에 축복이 넘치도록 하셨습니다.

③ 더욱 감격스러운 것은 그 동산 한 가운데 생명나무의 열매를 따 먹으며 영원토록 하나님과 천국의 기쁨을 누리며 '좋아요! 좋아요! 좋아요!' 하며 살게 하셨다는 것입니다.

3) 저를 따라 해 보세요 ^^*

① 사랑 받아 좋아요!

② 축복 받아 좋아요!

③ 영원토록 좋아요!

주제전환 ⇨ 그런데 (앉아서 개인 전도할 때는 다리를 '탁!' 치시면서, 구역 전도할 때는 손뼉을 '탁' 치면서) 지금 사람은 이런 행복을 누리지 못하고 있습니다.

'죽겠어요' 인생으로 전락하였다는 것인데 왜냐하면? 사람에게 뭔가 문제가 생겼기 때문입니다.

2. 사람이 죄인이 된 것입니다.

성경은 말합니다.
'모든 사람이 죄를 지어 하나님의 영광에 이를 수 없게 되었습니다.'
로마서 3장 23절

1) 성경은 우리의 죄에 대해서 심층적으로 자세히 보여주고 있어요.
  ① 행동으로 짓는 죄
    우선 죄라고 하면 나쁜 행동을 하는 것입니다.
    예를 들면 사람을 죽이거나 때리거나 남의 물건을 뺏는 등. 성경도 이것을 죄라고 이야기 하고 있습니다.
  ② 말로 짓는 죄
    말로 짓는 죄도 많습니다.
    욕을 하거나 하는 악한 말, 남을 잘못되게 하는 말, 다른 사람에게 상처를 주는 말들을 성경은 또한 죄라고 말하고 있습니다.
  ③ 마음과 생각의 죄
    성경은 행동과 말로만 죄를 짓게 되는 것 뿐 아니라 나쁜 마음을 품거나 나쁜 생각도 죄 라고 말하고 있습니다. 즉, 옆에 있는 친구를 사랑하지 않고 미워하면 살인, 음란한 생각을 하면 간음, 남의 물건을 훔치려는 마음만으로도 도적질이라 말씀하고 있습니다.

    잇는 말 ⤴
    그런데 하나님이 보시기에 가장 큰 죄가 무엇인지 아십니까?
  ④ 원죄
    성경은 우리를 만드시고 우리를 사랑하시는 하나님을 믿지 않고, 하나님의 말씀에 순종하지 않고 떠나 사는 죄 그것을 원죄라 부

르는데 그것이 가장 큰 죄라고 합니다.

<small>잇는 말⇨</small> 이런 기준이라면 죄인 아닌 사람이 아무도 없겠지요? 그런데

2) 이 죄의 결과는 무엇입니까?

하나님의 사랑과 축복과 영생을 잃어버리고 죽음과 형벌이 따라옵니다.

① 하나님의 품에서 떠나 외롭게 삽니다.

② 에덴의 축복에서 떠나 땅에서 고달프고 힘들게 삽니다.

③ 생명나무의 길에서 떠나 '죽겠어요! 죽겠어요! 죽겠어요!' 고민하다가 결국, 정말로 죽어서 영원한 지옥의 형벌을 받습니다.

<small>주제전환⇨</small> 죄의 문제를 다루시는 하나님은 어떤 분이실까요?

3. 먼저 하나님의 성품을 이해해야 합니다.

성경은 말합니다.

'하나님은 사랑이시다~' <small>요일4:8,9</small>

똑 같은 성경에

'하지만 죄를 그냥 보고 넘기지는 않겠다~ 벌을 내릴 것이다' <small>출34:7</small>

1) 하나님은 서로 다른 두 가지의 성품을 자신 안에 갖고 계십니다.

① 사랑의 하나님

하나님은 사랑이십니다. 우리가 아무리 잘못을 저질러도 우리 부모님이 우리를 사랑해 주시는 것처럼 하나님도 하나님의 자녀로 만드신 사람을 죄인임에도 불구하고 아픈 가슴을 안고 사랑하신다는 것입니다.

② 의로우신 하나님

한결같은 사랑과 용서를 천대까지 베푸시는 사랑의 하나님임에도 불구하고 다른 면에서는 벌을 받을 자는 반드시 용서할 수 없는 공의의 하나님이라는 것입니다. 그러니 하나님의 마음은 얼마나 아프시겠어요? 죄인을 반드시 벌하셔야만 하는 공의의 하나님께서 죄인 된 우리들을 너무 사랑하셔서 다시 하나님의 아들, 딸들로 회복시키고 싶은 간절한 마음을 생각해보십시오.

2) 만약 죄인이 하나님의 사랑의 품에 안기고 천국에 가려면 죄의 문제를 해결해야 합니다.

그러나 죄인 스스로가 자신이 지은 죄를 해결 할 수 없고, 또 앞으로 죄를 짓지 않고 살 수도 없습니다.

주제전환 ⇨ 그러면 하나님이 나를 사랑하시지만 죄인 된 나를 벌하셔야 하는 이 문제를 어떻게 해결하셨을까요?

(그런 죄인을 향하여 하나님 편에서 사랑의 결단을 내리셨습니다.)

4. 예수님의 십자가를 통하여 해결하셨습니다.

1) 죄가 없는 의인이 오셔서 그 의인이 죄인의 죄를 대신 담당하셨습니다.
그 의인은 하나님의 아들 예수님이십니다.
성경은 말합니다.

'하나님이 세상을 이처럼 사랑하사 독생자를 주셨으니 이는 저를 믿는

자마다 멸망치 않고 영생을 얻게 하려 하심이니라' 요한복음 3장 16절

'~여호와께서 우리의 모든 죄 짐을 그에게 지게 하셨다' 사 53:5,6

'나는 부활이요 생명이다~' 요 11:25

그래서

2) 우리는 십자가의 은혜를 통하여 하나님께 나아갈 수 있습니다.

죄 없으신 예수님은 우리를 사랑하셔서 우리의 허물, 죄, 질병과 불순종을 위하여 채찍에 맞고 친히 나무에 달려 십자가에 못 박혀 죽으시고 창에 찔려 물과 피를 다 쏟으셨습니다. 또한 우리를 의롭다 하심을 위하여 삼일 만에 죽음을 이기고 다시 살아나셨습니다.

(죄를 기록한 책 예화)내가 책을 한 권 들고 있는데 이 책이 나의 모든 행동과 말과 생각과 마음으로 지은 죄를 기록한 책이라고 가정해 봅시다. 이 죄가 문제 인데요. 하나님은 이 죄를 벌하셔야만 합니다.

그러나 하나님은(책을 들고 있는 오른 손을 가리키며) 이 죄를 지고 있는 나를, 죄인임에도 불구하고 사랑하십니다.

그리하여 (왼손을 높이 들었다가 내리면서) 하나님은 죄 없으신 하나님의 독생자 예수님을 이 땅에 보내셔서 (책을 오른 손에서 왼손으로 옮기면서) 나와 여러분의 죄를 그에게 즉 예수님에게 담당시키셨습니다. 그리고 예수님에게 죄값의 심판을 행하사 십자가에 못 박혀 피 흘리게 하셨습니다.

예수님의 피의 대가로 우리는 용서 받고 구원받게 되었습니다.

그리하여

① 예수님의 십자가는 하나님과 사랑의 관계를 이어줍니다.

② 예수님의 십자가는 하나님의 축복을 가져다 줍니다.

③ 예수님의 십자가는 하나님의 생명을 다시 찾게 해줍니다.

III
결신 시키는 법

잇는 말

예수님께서는 부활하셔서 지금도 나의 주님이 되어주십니다. 십자가의 은혜로 주어진 하나님의 사랑, 축복, 생명을 선물로 받기 위해서는 예수님을 믿어야 합니다. 예수를 믿으면 삽니다!

결신 초청

마음의 손을 내밀어 이 선물을 받기 원하십니까? (예)

1. 예수님을 영접하기 위하여 우리는 다음과 같이 해야 합니다.

죄에서 돌이켜야 합니다. (회개)

예수님을 구원자로 믿어야 합니다. (믿음)

예수님을 '지금' 나의 주인으로 모셔야 합니다.(주 되심)

그러면 하나님의 자녀가 됩니다!

죄 용서를 받습니다!

영생을 선물로 받습니다. 요6:47

그리고 그 증거로 성령을 선물로 받습니다! 행 2:38

예수 믿으면 삽니다!

예수 믿으면 저주와 가난에서 해방됩니다!

예수 믿으면 질병에서 치유됩니다!

예수 믿으면 귀신이 쫓겨 나갑니다!

예수 믿으면 영원한 생명을 얻습니다! 마10:8, 마11:5

2. 이해를 위한 기도

잠깐 그를 위해 기도한다. (함께 무릎을 꿇을 수 있으면 좋겠다.)

여러분 제가 여러분이 이 사실을 더 잘 이해하고 결심할 수 있도록 기도해 드려도 될까요?

잠시 기도합시다. (하나님 여기 오신 분들이 이 진리를 잘 이해하고 마음이 준비되어서 예수 믿기로 결심할 수 있도록 도와 주시옵소서. 예수님의 이름으로 기도합니다.)

잇는 말⇨ 기독교는 고백의 종교입니다.

성경은 이렇게 말합니다.

'누구든지 주의 이름을 부르는 자는 구원을 얻으리라!' 롬10:13

만일 주님으로부터 영생을 받기 원하신다면 소리를 내어 기도하시기 바랍니다.

3. 결신 기도

'잃어버린 나를 찾는 기도'(영접기도)를 한 마디씩 따라서 해주세요!

"주 예수님 이제 내가 죄인인 것을 깨닫고 죄에서 돌아섭니다./

(잠시 시간을 가지고 양심에 떠오르는 특별한 것이 있다면 용서를 구하십시오.)

저를 용서해 주십시오./

옳지 않은 행동과 생각을 그만 두겠습니다./

예수님이 내가 용서 받고/ 자유를 얻을 수 있도록 십자가에서/ 죄인인 저를 대신해 죽으신 후/ 다시 살아나신 것을 감사 드립니다./

내가 지금부터 예수님을 믿습니다./

'죽겠어요!' 삶에서/ 하나님의 자녀로/ '기뻐요!' 의 삶을 살기 원합니다./

주님께서 저를 용서해 주시고/ 성령을 선물로 주심을 감사합니다./

이제 그 선물을 받겠습니다./

성령으로 제 삶 속에 오셔서/ 저와 영원히 함께 있어 주십시오.

감사합니다./

예수님의 이름으로 기도 드립니다. 아멘"

하나님의 가족이 되신 것을 축하합니다! ∧∧*

4. 성령 충만(세례) 받도록 기도

(이 부분은 개인 전도에서는 믿고 시도해 보고 아가페만찬에서는 그때마다의 분위기와 성령의 감동하심을 따라 하기도 하고 생략할 수도 있습니다.

앞으로 예수만남 수양회에서 성령 받도록 이끌 것입니다.)

성령 충만 받게 하기 위한 멘트: 복음('기뻐요!' 소식)은 예수님이 십자가에서 흘리신 보혈로 죄 용서 받는 것이고, 성령(거룩한 하나님의 영) 받아 완전히 새사람 되는 것입니다.

이 복음이 우리에게 요구하는 것은 믿음(회개와 믿음)입니다.

믿으면 성령을 선물로 받습니다.

이 시간 제가 다시 기도할 때 성령님이 충만이 임하실 것입니다.

저를 따라서 입을 열어 몇 분 기도할 때 성령이 임하셔서 영으로(방언) 기도할 수 있습니다.

저와 함께 기도하시지요!! (안수하며 영(방언)으로 기도한다.)"

IV

즉석 양육

(이 즉석 양육은 개인 전도에서만 시행합니다. 구역전도에서는 별도로 양육과정을 가질 것이므로 한꺼번에 서두르지 않습니다. 결신만 분명하도록 인도하고 마칩니다. 개인전도 특히 그 사람을 언제 다시 만날지 모르는 노방전도의 경우는 즉석 양육까지 합니다.)

잇는 말 ➡ '기뻐요!' 의 신앙생활은 이렇게!

이제 새사람 된 선생님은 영적으로 갓난 아기와 같다고 볼 수 있습니다. 그래서 더욱 성장해야 하겠지요.
성장을 위하여 다음 같이 해보시기 바랍니다.

1. 말씀(매일 성경 1장 이상씩)

'모든 성경은 하나님의 감동으로 된 것으로 교훈과 책망과 바르게 함과 의로 교육하기에 유익하니' 디모데 후서 3장 16절

갓난 아기는 매일 젖을 먹어야 삽니다.
성경은 영의 양식입니다.
매일 성경을 읽으시고, 성경대로 순종 하십시오.!

2. 기도(매일 기도해요)

'지금까지는 너희가 내 이름으로 아무것도 구하지 아니하였으나 구하라 그리하면 받으리니 너희 기쁨이 충만하리라' 요한복음 16장 24절

하나님과 매일 이야기하기를 시작하십시오.
(다섯 손가락 기도 법: 하나님을 부름/ 감사 /회개 /간구 /예수님 이름으로 기도 드립니다/ 아멘..으로 마침 '아멘' 은 '그대로 되어질 줄로 믿습니다' 라는 뜻입니다.)

3. 찬양(매일 찬양해요)

'이 백성은 내가 나를 위하여 지었나니 나의 찬송을 부르게 하려 함이니라'
사 43:21

가정에서 날마다 새 노래로 찬양하십시오.

4. 예배(주일날은 교회로)

'아버지께서는 이렇게 자기에게 예배하는 자들을 찾으시느니라!' 요 4:23

하나님은 교회를 통해서 우리 신앙이 자라게 하십니다.
교회는 하나님을 찬양하고 하나님이 그들에게 하시는 말씀을 듣고 서로를 격려하기 위해 하나님의 자녀들이 모이는 곳입니다.
교회의 예배에 꼭 참여 하시기 바랍니다

5. 사귐(믿음의 친구들과 교제)

'새계명을 너희에게 주노니 서로 사랑하라 내가 너희를 사랑한 것같이 너희도 서로 사랑하라!' 요 13:34

하나님의 자녀들이 공동체로 함께 하는 것을 하나님이 기뻐하신답니다! 서로의 필요를 채워줄 수 있고, 사랑으로 함께 축복해 줄 수 있기 때문입니다.
믿음의 친구들에게 먼저 다가가 미소와 함께 인사해보시면 어떨까요! 우리 교회에서는 친교를 위하여 셀(구역)이 있는데 참여 하여 함께 기쁨을 나누시기 바랍니다.

6. 전도(누군가에게 이야기해요)

'또 가라사대 너희는 온 천하에 다니며 만민에게 복음을 전파하라' 막 16:15

당신이 결심한 것(경험한 것)을 분명히 하기 위하여 다른 사람에게 이야기 하는 것이 중요합니다.
먼저 가장 좋아할 가까운 가족이나 친구들에게 '좋아요! 기뻐요!' 의 소식을 이야기 해보십시오!
이 전도지를 3번 읽고 먼저 한 사람, 또 한 사람에게 읽어 주세요!

행복한 교회성장의 원리와 적용

4장
증식
MULTIPLICATIO

I
증식의 원리

옛날 바둑을 좋아하는 임금이 바둑을 잘 두는 신하를 사랑하고 좋아하여 늘 자기 곁에 두고 있으면서 자주 바둑을 두었습니다.

그러던 어느 날 임금님이 신하에게 내기 바둑을 두자고 하였습니다.

그리고 무엇을 두고 내기를 할 것인지를 신하보고 정하라고 하였습니다.

신하는 지는 사람이 이기는 사람에게 쌀을 바둑판으로 하나 가득 채워 주는 것을 내기로 하였습니다.

단 바둑판 한 십자 모서리에 쌀 한 톨을 놓고 다음 모서리에는 그 배로 두 톨을, 다음 칸에는 그 배로 4톨을 이렇게 하여 한 칸을 갈 때마다 그 배로 다음에 는 배의 배로 한 홉이 되면 다음 칸에는 배로 두 홉, 네 홉 하다가 한 되가 되면 두 되, 네 되, 여덟 되, 한 말, 두 말, 네 말 여덟 말 한 가마 두 가마, 네 가마, 여덟 가마 이런 식으로 한 칸 갈 때마다 배로 늘려서 바둑판 하나를 채워주기로 한 것입니다.

임금님은 별 생각 없이 그러자고 하여 내기 바둑을 두었고 신하가 이겼습니다.

창고지기에게 바둑판 한판을 쌀로 채워 주라 명하였는데 그날 국고가 바닥이 나고 말았습니다.

이 이야기는 무엇을 말해 줍니까?

배가방식, 배로 늘고 다시 배로 느는 기하급수적 증식의 위력을 나타냅니다. 우리의 육신적 인구는 기하급수적으로 성장하여 폭발하기에 이르렀습니다.

그런데 영적 인구는 더하기 식의 전도만으로 하고 있기에 지상명령은 이루지 못하고 있고 교회 성장은 몇 명 늘어나는 정도로 그치므로 답답한 모습을 보이고 있습니다.

많은 성도들을 불임 인구로 만들어 놓은 결과이지요.

육신적 인구가 기하급수적으로 증식하는 것이라면 영적 인구도 기하급수적으로 증식할 수 있고 그것이 교회성장의 본질적 원리요 비결입니다.

이제 그 점에 주목하여 보기로 하지요.

1. 생육하고 번성하여 충만 하라

> 창 1:28, 하나님이 그들에게 복을 주시며 그들에게 이르시되 생육하고 번성하여 땅에 충만하라, 땅을 정복하라, 바다의 고기와 공중의 새와 땅에 움직이는 모든 생물을 다스리라 하시니라

하나님은 사람을 지으시고 축복하여 말씀 하시기를 '생육하고 번성하

여 땅에 충만 하라' 하셨습니다.

하나님께서는 한 쌍의 아담과 하와를 통하여 땅에 충만 할만큼 생육하고 번성하도록 축복 하셨습니다.

생육하고 번성하는 것은 자연적인 섭리이며 또 그런 능력을 부여하셨습니다.

하나님의 형상대로 지어진 인간들이 번성하여 충만한 세상을 하나님은 섭리하였던 것입니다.

이 때의 생육과 번성은 하나님의 형상 그대로 번성하여 서로 사랑하며 아름답게 살며 영생하는 사람들의 생육이요 번성입니다.

죽지 않으니 자연 머지 않아 땅에 충만하게 되겠지요.

타락하게 되자 인간은 지상에서는 영생하지 못하고 죽게 되었습니다.

이렇게 되면 이제 생육하는 동안 사망도 이루어지니 번성이 어려워질 듯 하지만 여전히 하나님은 생육하고 번성하라고 하셨습니다.

타락한 인간들을 한 차례 홍수로 심판하시기는 하였으나 심판을 이기고 남은 노아의 제사를 흠향하신 하나님은 생육하고 번성하여 땅에 충만하라 하셨습니다.

> 창 9:1, 하나님이 노아와 그 아들들에게 복을 주시며 그들에게 이르시되 생육하고 번성하여 땅에 충만하라

이렇게 하여 사실 이 땅 위에는 사람들이 거의 충만할 만큼 생육하고 번성하여 왔습니다.

이 땅에 65억이 넘는 사람들이 살게 되었고 지구가 포화상태가 되지 않을까 걱정하는 소리가 나올 만큼 충만하게 되었습니다.

여러분 이 땅에 사람들이 어떻게 충만하게 된지 아십니까?

생육하고 번성하였기 때문입니다.

생육하고 번성한다는 것이 무엇입니까?

생육이란 자녀를 낳고 기르는 것이지요?

번성은 그리하여 배가 되는 것입니다.

증식하되 기하급수적 증식입니다.

1) 번성/기하급수적 증식

오늘날 육신적 인구는 폭발할 정도로 충만하게 되어 인구폭발이라는 말을 낳았습니다.

사람이 낳고 또 죽는데도 왜 폭발하게 되었나요?

그것은 사람이 자녀를 낳아 즉 생육하고 자신이 죽기 전에 그 자녀가 또 생육하여 죽는 속도보다 생육하는 속도가 빠르게 되기 때문에 늘어나고 번성하게 되었던 것입니다.

한 사람이 한 사람 낳고 죽으면 종족 유지는 되어도 번성을 할 수는 없습니다.

그러나 한 사람이 한 사람을 낳는 정도가 아니라 배로 불어나는 원리가 되었다는 것입니다.

기하급수적으로 늘어 나는 것이지요.

한 사람이 둘이 되고 둘은 셋이 되는 것이 아니라 넷이 되고 넷은 여덟이 되고 여덟은 16이 되고 하는 식으로 기하급수적으로 늘어나게 되어 번성하는 것입니다.

그래서 번성이라는 말을 영어로 번역할 때는 Multiplication이라 하고 동사로 Multiply 라 하는데 이 멀티플라이는 증식을 의미하되 기하급수적 번식을 의미합니다.

지구상에 사람의 수가 둘에서 출발하여 점점 늘어날 때 처음에는 그 늘어나는 속도가 미미해 보이지만 점점 늘어나는 속도에 가속도가 붙습니다.

왜냐하면 기하급수적 번식, 배가방식의 번식이기 때문입니다.

실제 지구상의 인구.증가를 보면 예수님 당시에 인구는 약 4억이었습니다.

그리고 마르틴 루터의 종교개혁 당시에 그 배가 되었습니다.

배가 되는데 약1500년이 걸린 셈이지요.

그것이 다시 배가 되는 데는 약300년이 지난 1800년대였고 거기서 130년이 지난 1930년대에 다시 배가 되더니 그 후 약70년이 지난 2000년대에는 65억이 되었습니다.

배가 되는 속도는 갈수록 빨라집니다.

이는 기하급수적 증식이기 때문입니다.

모든 사람이 생육하기만 하면 번식하게 되어 있고 기하급수적 증식이 이루어지게 되어 있습니다.

인구가 너무 많아져 가족계획을 장려하기 전까지는 이 땅의 육신적 인구는 기하급수적으로 늘어 났고 배가 방식으로 늘어 났습니다.

2) 영적 인구의 증식

이제 우리는 육신적 인구가 번성하는 일에는 신경 쓸 일이 아닙니다.

왜냐하면 너무 많아 염려 될 만큼 충만하기 때문입니다.

우리의 관심은 영적 인구의 증식입니다.

육신적 인구는 기하급수적으로 배가 방식으로 번성해 왔는데 하나님의 백성 영적 백성은 왜 증식이 안 되는 것이냐 하는 것입니다.

우리는 여기서 영적 인구의 기하급수적 증식의 비전을 회복해야 합니다.

출애굽기에 보면 하나님의 백성이 번성했다는 것을 볼 수 있습니다.

출 1:20, 하나님이 그 산파들에게 은혜를 베푸시니라 백성은 생육이 번성하고 심히 강대하며

애굽에 있던 하나님의 백성은 바로의 억제정책에도 불구하고 생육이 번성했습니다.

하나님은 인간의 육신적 번식을 축복하였을 뿐 아니라 하나님의 백성의 번성도 축복하셨습니다.

더군다나 오순절 이후의 초대 교회가 얼마나 번성하고 증식하였는지를 다시 상기하는 것은 고무적입니다.

사도행전은 예수님의 제자, 영적 인구가 얼마나 강력하게 번성하였는지를 잘 보여 줍니다.

행 6:1, **그 때에 제자가 더 많아졌는데** 헬라파 유대인들이 자기의 과부들이 그 매일 구제에 빠지므로 히브리파 사람을 원망한대

행 6:7, 하나님의 말씀이 점점 왕성하여 예루살렘에 있는 **제자의 수가 더 심히 많아지고** 허다한 제사장의 무리도 이 도에 복종하니라

행 9:31, 그리하여 온 유대와 갈릴리와 사마리아 교회가 평안하여 든든히 서 가고 주를 경외함과 성령의 위로로 진행하여 **수가 더 많아지니라**

행 12:24, 하나님의 말씀은 흥왕하여 **더하더라**

여기 굵은 글자로 표시한 단어들은 영문으로 하면 모두 multiplied로 되어 있어 증식이 얼마나 컸나를 보여 줍니다.

영적으로 생육하고 번성하는 것이 하나님의 뜻입니다.

타락한 이후 회복된 인간으로서의 영적 인구가 생육하고 번성하는 것이 하나님의 뜻입니다.

왜 오늘날 우리 교회는 이 영적 증식, 특히 기하급수적, 배가방식의 번식을 못하게 되는 것일까요?

이는 성도들을 불임 인구로 만들었기 때문입니다.

언제부터 그렇게 되었습니까?

기독교가 핍박 속에 있을 때는 엄청난 위력으로 번식하게 되었는데 당시 세계 중심국이었던 로마제국에서 콘스탄틴 대제가 313년 기독교를 국교로 선포하면서 전도할 필요가 없어졌습니다.

자동적으로 교인으로 등록 되니까, 영적으로 너무 편하게 되니 비만증에 걸리고 불임 인구가 되어 버렸습니다.

그 이후 교회의 전통은 하나님 나라의 일, 영적인 일은 성직자의 일이고 평신도들은 구경만 하고 생육하고 번성하는 일을 상실하고 말았습니다.

영적으로는 사실상 병신이 된 것이나 마찬가지이지요.

우리는 영적 불임에서 치유 되어야 하겠고 생육하고 번성하는 능력을 회복하여야 합니다.

생육과 번성의 원리는 대단히 중요합니다.

사실은 사람만이 아니고 모든 살아 있는 생물은 생육하고 번성하도록 하나님께서 창조하셨습니다.

> 창 1:22, 하나님이 그들에게 복을 주어 가라사대 생육하고 번성하여 여러 바다 물에 충만하라 새들도 땅에 번성하라 하시니라
>
> 창 8:17, 너와 함께한 모든 혈육 있는 생물 곧 새와 육축과 땅에 기는 모든 것을 다 이끌어 내라 이것들이 땅에서 생육하고 땅에서 번성하리라 하시매

창조 시에도 모든 생물이 생육하고 번성하라 하였고 노아 홍수 후에도 모든 생물이 생육하고 번성하라고 축복하였습니다.

그리고 모든 살아 있는 것은 생육하고 번성합니다.

자, 그렇다면 영적 인구가 생육하고 번성하는 일을 못하게 되었다는 것은 무엇을 의미합니까?

영적으로 죽거나 병들었다는 것을 의미하는 것입니다.

영적으로도 분명 초대 교회는 생육하고 번성하였습니다.

오늘날 영적으로 우리가 생육하지 못하고 번성하지 못하는 것은 우리가 병들었다는 것을 나타내는 것입니다.

우리는 영적 생육의 능력을 회복해야 합니다.

영적 번성의 능력을 회복해야 합니다.

3) 생육하라

생육이란 무엇입니까?

자라 성인이 되어 재생산한다는 것입니다.

2세를 낳고 기른다는 것입니다.

여러분은 모두 2세를 낳고 기릅니다.

그런데 영적 2세는 어찌 되었습니까?

영적 2세를 낳고 길러 보셨습니까?

소원을 품으십시오. 영적 2세를 낳고 기르도록 기도하십시오.

우리가 소그룹 교회에 관심을 두는 것은 모든 신자를 불임에서 치유하고 생산 인구로 회복하고자 하는 것입니다.

우리는 보통 전도는 성직자만 하는 것으로 생각하는 사람 있습니다.

또는 은사 받은 특별한 사람만 전도하고 양육하는 것으로 생각합니다.

우리가 영적으로 태어나서 자라면 우리 모두는 영적 2세를 낳고 길러야만 합니다.

그럴 능력을 하나님께서 우리에게 주셨습니다.

살아 있는 생물은 다 생육하고 번성합니다.

살아 있는 영혼은 생육하고 번성합니다.

영적 불임을 고침 받으십시다.

4) 번성하라

이미 본대로 번성에는 배가방식의 증식, 기하급수적 증식이 이루어지는 것을 의미합니다.

기하급수적 증식은 모든 사람이 불임자가 없이 자연 그대로 생육하기만 하면 번성, 즉 기하급수적 증식, 배가 증식이 일어난다는 것입니다.

그런데 현대 교회에 있어서 혹시 성장이 있다 해도 더하기 식 성장에 불과하다는 것이 기독교 세계 교회의 반성입니다.

곱하기 식, 배가방식, 기하급수적 증식이어야 하는데 더하기 식 성장이므로 인구성장에 필적하지 못하는 기독교 교회의 성장에 대한 반성과 각성이 요청되는 것이지요.

그래서 20세기 후반 들어 제자훈련 운동을 중심으로 배가 방식의 영적 성장을 도모하게 되었습니다.

처음에는 학생 청년 선교 단체에서 재생산을 위한 제자훈련을 시도하게 되었고 점차 지역 교회에서도 배가방식 성장을 목표하는, 재생산을 위한 제자훈련 방식을 도입하기에 이르렀습니다.

그리고 셀 교회 운동은 이 같은 원리를 단순한 제자훈련에서 찾는 것이 아니라 깊은 코이노니아 경험과 더불어 성령의 능력을 힘입어 모든 신자를 리더로 세우는 그리하여 불임 신자가 없도록 하는 원리를 추구하게 되었습니다.

배가 방식의 생명의 번성 원리는 대단히 중요합니다.

생명의 번성의 원리를 단적으로 나타내 주는 말씀이 바울의 디모데를 위한 권면에서 나타납니다.

> 딤후 2:2, 또 네가 많은 증인 앞에서 내게 들은 바를 충성된 사람들에게 부탁하라 저희가 또 다른 사람들을 가르칠 수 있으리라

바울이 디모데를 전도하여 가르칩니다.

생육 즉 낳고 기릅니다.

디모데도 충성 된 사람을 양육합니다.

그러면 그도 나아가 또 다른 사람을 가르칩니다.

이것이 자연적 번식, 생명의 번식입니다.

그런데 보십시오.

바울이 디모데를 양육하고는 바로 죽거나 사역을 은퇴합니까? 아니지요.

디모데가 충성 된 사람을 가르칠 때쯤에는 바울도 또 다른 충성 된 사람을 가르칠 것입니다.

디모데가 충성 된 사람을 가르쳐 충성 된 사람이 다른 사람을 가르치는 동안 디모데는 가르치고 나서 바로 죽거나 은퇴합니까? 아니지요.

디모데도 또 다른 사람을 가르치고 바울도 그 때 또 다른 사람을 가르칠 것입니다.

이것이 증식이요, 배가방식의 성장 원리입니다.

사람이 죽게 되었어도 증식이 이루어지고 번성한 것은 아들 딸을 낳고 바로 죽는 것이 아니라 아들 딸이 커서 다시 아들 딸, 자기에게는 손자 손녀를 낳을 때까지 함께 낳고 기르기 때문에 번성하고 기하급수적으로 증식한 것처럼 바울이 디모데를 디모데가 충성 인을 충성 인이 다른 이를

전도하고 가르치는 동안 바울도 디모데도 계속 전도하고 가르치고 양육하기 때문에 번성이 되는 것입니다.

이렇게 되면 생명의 번식 원리에 의하여 제자의 수는 바울 하나에서 디모데 둘로 충성 된 사람 넷으로 다른 사람 여덟으로 증식하는 것입니다.

이 배가 방식, 기하급수적 증식, 생명의 번식 원리가 우리 교회에서 살아나야 합니다.

그래서 영적 인구도 그렇게 기하급수적으로, 배가 방식으로 생명의 번식 원리로 성장해야 합니다.

우리가 소그룹 교회의 원리들에 관심 두고 소그룹 교회를 추구하려는 것은 모든 성도가 영적으로 건강하게 치유 되고 불임 신자가 아닌 생육하고 번성하는 신자가 되고자 함이요 생육하고 번성하는 교회가 되고자 함입니다.

모든 소그룹 멤버는 양육되고 훈련 받고 성장하여 각각의 제자를 갖게 되는 소그룹 재생산자가 되어 번식 능력을 회복한 건강한 성도가 될 것입니다. 교회는 배가 방식으로 증식하게 될 것이며 여러분은 모두 배가 방식으로 증식하는 지체가 되어 심지어 7배로 키워내는 역할을 하게 될 것입니다.

리더가 7명의 지체로 소그룹을 해 나가며 양육하게 되면 각 지체가 자라서 다시 리더가 되어 7명의 지체를 갖는 소그룹을 개척하고 성장시키게 될 것인데 그 과정 전체에서 혼자 하는 것이 아니고 함께 또 소그룹 리더의 지도를 받으며 그렇게 만들어 가게 될 것입니다.

그렇게 하여 소그룹에서 기하급수적 영적 증식에 기여하는 지체가 될 것입니다.

헌신하고 충성하기를 바랍니다.

2. 만인 제사직과 평신도 선교

이렇게 모든 평신도가 양육하고 번성하는 교회 구조를 만들어야 하는데 이를 위하여 우리는 우리의 생각을 정리하여야 할 부분이 있습니다.

그것은 목양이든, 전도든 양육이든 선교든 목사, 목회자 홀로 하는 솔로 연주가 되어서는 안되고 평신도를 포함한 모든 그리스도인이 사역자가 되어야 합니다.

이를 위하여 우리의 신학적 사고부터 재고해야 합니다.

평신도들이 사역하는 신학과 구조가 필요한 것입니다.

우선 만인 제사직 교리로 무장하여야 할 것 같습니다.

> 벧전 2:9, 오직 너희는 택하신 족속이요 왕 같은 제사장들이요 거룩한 나라요 그의 소유된 백성이니 이는 너희를 어두운 데서 불러 내어 그의 기이한 빛에 들어가게 하신 자의 아름다운 덕을 선전하게 하려 하심이라

성경은 우리 그리스도인과 그 공동체인 교회를 제사장이라고 부릅니다.

오늘은 우리 그리스도인들이 모두가 제사장이라는 성경의 진리에 착념해 보도록 합니다.

모든 성도가 다 생육하고 번성하는 원리로 살아가도록 하기 위하여 우리의 인식에 잘못 각인된 제사장의 의미를 다시 깨달아 보아야 하겠습니다.

제사장 하면 구약시대의 제사장에 관한 이해로부터 시작될 수 밖에 없습니다.

구약시대에 보면 이스라엘 백성들 안에 제사장 직을 두었습니다.

1) 제사장의 직무

하나님께서 제사장을 두신 목적은 우선 하나님 자신을 섬기는 일을 하게 하시려는 것이었습니다.

죄인들이 하나님께 아무렇게나 접근 할 수 없기 때문에 특정한 직분, 즉 제사장 직분을 정하고 저들이 하나님의 임재를 상징하는 성소에 와서 피 뿌린 제사를 통하여 속죄의 제사를 드리고서야 하나님께 접근하여 하나님의 영광을 높이는 하나님을 섬기는 제사를 하게 한 것입니다.

> 출 28:1, 너는 이스라엘 자손 중 네 형 아론과 그 아들들 곧 나답과 아비후와 엘르아살과 이다말을 그와 함께 네게로 나아오게 하여 나를 섬기는 제사장 직분을 행하게 하되

두 번째는 백성들의 사죄를 위하여 제사하고 축복하는 직분을 맡기셨습니다.

제사장은 하나님 앞에서 백성들을 위하여 중보 하는 사명을 맡았던 것입니다.

> 민 15:25, 제사장이 이스라엘 자손의 온 회중을 위하여 속죄하면 그들이 사함을 얻으리니 이는 그릇 범죄함이며 또 그 그릇 범죄함을 인하여 예물 곧 화제와 속죄제를 여호와께 드렸음이라
>
> 신 21:5, 레위 자손 제사장들도 그리로 올지니 그들은 네 하나님 여호와께서 택하사 자기를 섬기게 하시며 또 여호와의 이름으로 축복하게 하신 자라 모든 소송과 모든 투쟁이 그들의 말대로 판결될 것이니라

하나님은 제사장을 통하여 백성들의 제사와 예배와 섬김을 받으시고

제사장을 통하여 백성들을 사죄하고 축복하는 기능을 하도록 세우셨던 것입니다.

구약시대의 제사장 제도에 의하면 제사장과 백성은 엄연한 구분이 있었습니다.

일반 백성들은 성전에 가도 지성소에는 들어 갈 수 없었습니다.

성소와 지성소 사이에는 휘장이 처져 있었으며 하나님의 임재를 상징하는 지성소에는 제사장만이 들어 갈 수 있었습니다.

제사장은 하나님의 임재 앞에 들어가 하나님을 뵈오며 섬기며 예배하며 제사하여 하나님께 영광을 돌리면서 동시에 백성의 죄를 속하며 백성들을 축복하여 하나님께 중보 하는 사명을 지니고 있었습니다.

이렇게 구별된 제사장 직은 인간의 죄와 하나님의 거룩성 때문에 생긴 것입니다. 그럼에도 불구하고 제사장은 자신을 위한 존재가 아니라 하나님을 위하고 백성을 위하는 기능이었습니다.

2) 제사장 나라

이 같은 원리에서 하나님은 이스라엘을 하나님의 백성으로 선택하고 세우실 때 제사장 나라로 세우셨습니다.

이 경우는 이스라엘이 하나님과 열방 사이에 제사장으로 세워지는 셈이지요.

> 출 19:5, 세계가 다 내게 속하였나니 너희가 내 말을 잘 듣고 내 언약을 지키면 너희는 열국 중에서 내 소유가 되겠고
> 6, 너희가 내게 대하여 제사장 나라가 되며 거룩한 백성이 되리라 너는 이 말을 이스라엘 자손에게 고할지니라

시내산 언약에서 하나님이 이스라엘을 당신의 백성으로 삼는 언약을 할 때 이스라엘을 제사장 나라로 삼고 세운다는 것을 선포하셨습니다.

그러면 이스라엘이 제사장 나라가 된다는 것은 무엇을 의미 하는 것이겠습니까?

제사 제도에서 이미 본 바대로 그것은 이스라엘이 하나님을 섬기는 백성이 되며 하나님께 가까이 접근하여 하나님을 예배하는 백성이라는 것과 동시에 이스라엘은 열방을 향한 하나님의 사죄와 축복을 위한 중보자로 세워지는 것을 의미하는 것입니다.

이스라엘은 하나님의 소유된 특별한 백성으로 하나님의 사랑과 축복을 누리면서 동시에 열방을 향하여 하나님의 죄 사함을 선포하고 하나님의 축복을 중보 하는 백성이 되어야 했던 것입니다. 그런데 이스라엘은 하나님의 축복을 받는 백성으로서는 '아멘' 하는 삶이었으나 배타적 민족 우월주의에 빠져 열방을 위한 제사장의 사명은 망각하였습니다.

3) 찢어진 휘장

신약에 오면 제사장 직의 의미가 달라집니다.

우선 구약에서 제사장만이 접근할 수 있었던 지성소의 휘장이 예수님의 십자가로 말미암아 찢어졌습니다.

> 마 27:50, 예수께서 다시 크게 소리지르시고 영혼이 떠나시다
> 51, 이에 성소 휘장이 위로부터 아래까지 찢어져 둘이 되고 땅이 진동하며 바위가 터지고

예수께서 십자가에서 운명하실 때 성소의 휘장은 찢어졌습니다.

이것은 무엇을 의미합니까?

하나님의 거룩성과 인간의 죄성 때문에 거룩한 하나님의 임재 장소인 지성소에 들어갈 수 없었던 일반 백성이 누구라도 예수의 피를 힘 입어 하나님의 임재 앞에 나아가게 되었다는 것을 의미합니다.

이렇게 되자 제사장과 평민 사이의 차이가 없어졌습니다.

누구라도 예수 믿고 죄 사함을 받으면 하나님의 보좌 앞에 나아갈 수 있습니다.

그러므로 만인 제사직의 교리가 나온 것입니다.

누구라도 제사장이 됩니다.

예수의 피가 우리 모두의 죄를 씻어 거룩하게 하므로 믿는 자는 모두 제사장처럼 하나님 앞에 나아갑니다.

> 히 10:19, 그러므로 형제들아 우리가 예수의 피를 힘입어 성소에 들어갈 담력을 얻었나니
> 20, 그 길은 우리를 위하여 휘장 가운데로 열어 놓으신 새롭고 산 길이요 휘장은 곧 저의 육체니라

예수의 피로 말미암아 휘장 가운데로 길이 열려 누구든지 성소에 접근하고 하나님의 보좌 앞에 하나님의 임재 앞에 나가게 되었으니 모두가 제사장이 된 것입니다.

4) 왕 같은 제사장

동시에 교회와 성도는 제사장이 백성을 향하여 가졌던 중보의 사명, 이스라엘이 열방을 향하여 지녔던 중보의 사명을 지닌 존재이기도 합니다.

오늘의 최초의 본문을 다시 봅니다.

벧전 2:9, 오직 너희는 택하신 족속이요 왕 같은 제사장들이요 거룩한 나라
요 그의 소유된 백성이니 이는 너희를 어두운 데서 불러 내어 그의 기
이한 빛에 들어가게 하신 자의 아름다운 덕을 선전하게 하려 하심이라

이 말씀은 시내산 언약에서 하나님이 이스라엘에게 하신 말씀입니다. 이 말씀은 단순한 말씀이 아니고 신약적인 의미가 첨가된 말씀입니다. 신약적 의미가 첨가 되었다는 것은 첫째로 출애굽기에는 없는 왕 같은 이라는 말입니다.

왕 같은 이라는 말은 우연히 또는 실수로 들어간 말이 아니고 우리가 제사장이 된 것은 예수의 피로 된 것이고 예수께서 왕이면서 제사장이기 때문에 왕통 제사장이라는 뜻입니다.

동시에 왕권도 주어져 있어 제사장으로서 세상을 영적으로 통치하는 왕권이 있는 왕통 제사장이라는 것입니다.

계 5:9, 새 노래를 노래하여 가로되 책을 가지시고 그 인봉을 떼기에 합당
하시도다 일찍 죽임을 당하사 각 족속과 방언과 백성과 나라 가운데서
사람들을 피로 사서 하나님께 드리시고
10, 저희로 우리 하나님 앞에서 나라와 제사장을 삼으셨으니 저희가 땅에
서 왕 노릇 하리로다 하더라

예수의 피로 산 바 되어 제사장이 되었고 따라서 예수의 피, 왕의 피로 말미암아 제사장 된 왕 통, 왕 같은 제사장이 되었고 동시에 제사장의 직무와 더불어 세상을 영적으로 통치하는 제사장이 된 것입니다.

둘째로 신약적 의미라는 것은 제사장의 사명이 신약적으로 명시 되었다는 것입니다.

그것은 '이는 너희를 어두운 데서 불러 내어 그의 기이한 빛에 들어가게 하신 자의 아름다운 덕을 선전하게 하려 하심이라' 하는 말씀입니다.

하나님께서 우리를 제사장으로 삼으신 것은 우리를 구원하신 하나님의 덕, 하나님의 은혜를 선전하고 선포하게 하려는 것이라는 말입니다.

그러면 우리가 다 제사장이 되었다는 것은 우리 누구나 하나님의 보좌 앞에 나아갈 수 있게 되었다는 것과 동시에 우리 모두가 주님의 복음을 전하는 사명을 갖게 되었다는 것입니다.

그러므로 만인 제사직의 진리는 모든 신자가 다 하나님께 가까이 가는 제사장이요, 하나님을 섬기는 예배자이면서 동시에 모두가 복음을 선전하고 전하는 사명, 열방을 구원하는 일에 사명을 갖게 되었다는 것입니다.

5) 관객화, 소비자화 된 평신도의 문제

그런데 문제는 모든 신자가 하나님께 나아가는 제사장일 뿐 아니라 모든 신자가 복음을 전하는 사명을 지니게 되었는데도 오늘날 성직자와 평신도라는 구분 속에 옛 제사제도로 되돌아간 패러다임으로 교회가 후퇴했다는 것입니다.

313년 콘스탄틴 대제가 기독교를 국교화하고 나서 기독교가 성당 문화를 창출하고 성당 안에 오히려 갇히는 역사를 만들었습니다.

게다가 성직자가 모든 교회의 일을 떠맡아 하게 되고 심지어 면죄도 사제에게 고해성사하므로 이루어지는 과정으로 만들어 버리고 평신도는 관객이 되고 생산자가 아닌 소비자가 되는 교회사의 길을 걸었습니다.

그리하여 교회는 무력화되는 영성과 선교의 암흑시대를 지나서 지금까지도 그 영향을 받고 있습니다.

종교개혁에서 만인 제사직이 제기 되고 근래 들어 평신도 선교의 중요성이 반성되고 각성되고는 있지만 사고 패러다임의 변화가 쉽지 않아 아직도 대부분의 교회에서 성직자는 교회의 모든 일을 도맡아 해야 하고 평신도는 관객으로 소비자로 남아 있는 경우가 많습니다.

우리의 과제는 관객화된 평신도 모두를 선수로 일꾼으로 변화시키고 소비자가 된 신자들을 생산자로 변화시키는 작업이 우리의 과제가 되었습니다.

오늘날 교회 전체를 지도하는 기능으로서의 목사직은 존재할 수 있습니다.

그러나 목사가 구약시대의 제사장과 같은 존재는 아닙니다.

더구나 목사가 교회의 모든 일을 대행하는 직도 아닙니다.

모든 신자는 평신도와 성직자 구분 없이 모두 하나님께 나아가는 제사장이요 주님의 복음을 전하는 사명을 가진 제사장입니다.

6) 평신도 선교시대

성직자가 교회에 존재하는 목적은 모든 신자로 하여금 하나님 나라의 일꾼이 되도록 양육하고 훈련하여 성도를 무장시키는 사명 때문에 존재한다고 보아야 합니다.

바울 사도는 이점을 분명히 하였습니다.

엡 4:11, 그가 혹은 사도로, 혹은 선지자로, 혹은 복음 전하는 자로, 혹은 목사와 교사로 주셨으니
12, 이는 성도를 온전케 하며 봉사의 일을 하게 하며 그리스도의 몸을 세우려 하심이라

교회에 여러 지도자, 리더십을 세우는 목적은 성도들을 온전케 하여,

즉 훈련하고 무장하여서 봉사의 일, 즉 사역을 하게 함이요 사역의 목적은 그리스도의 몸인 교회를 성장시키려는 것입니다.

그러니까 모든 성도를 훈련하고 무장해서 교회성장의 사역을 감당하도록 하기 위하여 리더십을 세운다는 말입니다.

실제로 사도행전에 나타난 초대교회도 이러한 패턴을 이루고 있었습니다.

행 8:4, 그 흩어진 사람들이 두루 다니며 복음의 말씀을 전할새
5, 빌립이 사마리아 성에 내려가 그리스도를 백성에게 전파하니
6, 무리가 빌립의 말도 듣고 행하는 표적도 보고 일심으로 그의 말하는 것을 좇더라
7, 많은 사람에게 붙었던 더러운 귀신들이 크게 소리를 지르며 나가고 또 많은 중풍병자와 앉은뱅이가 나으니
8, 그 성에 큰 기쁨이 있더라

예루살렘 교회에 핍박이 거세지자 사도들을 제외한 대부분의 성도들이 피하여 흩어졌습니다.

그러나 이 때 성도들은 피난하여 숨어버린 것이 아니라 저들이 흩어져 피난 간 곳에서 복음을 전하였습니다.

빌립 집사를 중심으로 한 전도가 사마리아 교회를 탄생시켰습니다.

평신도가 복음을 전했고 병든 자를 고쳤고 교회를 개척하였습니다.

이 때 예루살렘에 남아 있던 사도들은 어떤 행동을 취한지 아십니까?

사마리아에도 교회가 세워졌다는 소식을 듣고 기뻐하며 베드로와 요한을 사마리아 교회에 파송 하여 돌보게 하였습니다.

행 8:14, 예루살렘에 있는 사도들이 사마리아도 하나님의 말씀을 받았다

함을 듣고 베드로와 요한을 보내매
15, 그들이 내려가서 저희를 위하여 성령받기를 기도하니
16, 이는 아직 한 사람에게도 성령 내리신 일이 없고 오직 주 예수의 이름으로 세례만 받을 뿐이러라
17, 이에 두 사도가 저희에게 안수하매 성령을 받는지라

평신도가 복음을 전하여 교회를 개척하고 사도들은 와서 성령 받기를 지도하고 기도하고 양육하고 교육한 것입니다.

안디옥 교회도 마찬가지 패턴을 이룹니다.

행 11:19, 때에 스데반의 일로 일어난 환난을 인하여 흩어진 자들이 베니게와 구브로와 안디옥까지 이르러 도를 유대인에게만 전하는데
20, 그 중에 구브로와 구레네 몇 사람이 안디옥에 이르러 헬라인에게도 말하여 주 예수를 전파하니
21, 주의 손이 그들과 함께 하시매 수다한 사람이 믿고 주께 돌아오더라
22, 예루살렘 교회가 이 사람들의 소문을 듣고 바나바를 안디옥까지 보내니
23, 저가 이르러 하나님의 은혜를 보고 기뻐하여 모든 사람에게 굳은 마음으로 주께 붙어 있으라 권하니
24, 바나바는 착한 사람이요 성령과 믿음이 충만한 자라 이에 큰 무리가 주께 더하더라

흩어진 사람들이 누구입니까?

흩어진 것은 평신도들 입니다.

이 중에는 이름 없는 평신도가 안디옥에서도 복음을 전하여 안디옥 교회가 세워집니다.

예루살렘 교회에서 파송 받은 바나바가 안디옥 교회에 와서 권하고 양육하고 교육하여 안디옥 교회가 든든히 세워져 갑니다.

그러고 보면 평신도가 복음 전하고 교회를 개척하는 주 동력입니다.

사도들은 평신도를 양육하고 훈련하는 일을 담당한 것입니다.

교회의 사역 패러다임은 목사가 사역하고 평신도가 돕는 패턴이 아니라 평신도가 사역하고 목사가 돕는 패턴이 초대교회의 패턴이고 오늘날 교회의 패러다임이 이 같이 평신도 선교 구조로 바뀌어야 하는 과제를 안게 됩니다.

소그룹 구조로 가면 모든 평신도가 사역자가 될 것입니다.

모든 평신도가 목양하고 제자 삼는 그리하여 주님의 지상 명령을 함께 수행하고 모든 족속을 위한 복의 근원자로 제사장으로 역할 하는 그러한 교회가 되고 그러한 신자들이 될 것입니다.

주님 앞에 주님 나라의 위대한 일을 위하여 쓰임 받게 될 것을 기대하시기 바랍니다.

- 당신은 영적으로 새 생명을 낳고 양육하십니까?
- 당신은 교회에서 소비자 입니까? 생산자 입니까?
- 당신의 교회 모든 성도를 영적 생산자로 만들 전략이 있습니까?
- 당신의 교회는 평신도 모두를 사역자로 세우십니까?

II

생명 증식의 공동체로서의 소그룹

소그룹 모임의 성격을 우리는 생명증식의 공동체로 규정해야 합니다.
원래 셀은 성장하고 분열하여 또 다른 셀을 만들어 냅니다.
셀은 살아있는 한 셀을 낳습니다.
마찬가지로 우리 교회의 소그룹도 소그룹을 낳아야 합니다.
소그룹을 낳는 소그룹이 되는 것입니다.
이를 위하여는 이미 번성의 원리에서 살핀 바 그 원리가 실행되는 살아 있는 소그룹이 되어야 합니다.
생명이 없는 셀은 생명을 낳지 못하기 때문입니다.

1. 증식의 원리와 적용

원리에서 본 바 하나님의 말씀이 소그룹 안에 적용되고 실행되어야 하겠는데 다시 한번 묵상합니다.

> 창 1:28, 하나님이 그들에게 복을 주시며 그들에게 이르시되 생육하고 번성하여 땅에 충만하라, 땅을 정복하라, 바다의 고기와 공중의 새와 땅에 움직이는 모든 생물을 다스리라 하시니라

이 말씀을 따라 성취되기를 기도하여야 합니다.

1) 생명을 낳으라

첫째는 낳는 일입니다.

소그룹은 반드시 영적 자손을 낳는 모임이 되어야 합니다.

소그룹 모임은 전도하는 모임이 되어야 한다는 것도 이미 말했습니다.

그런데 전도는 자연스럽고 생명이 생명을 낳는 원리로 이루어지도록 하는 것입니다.

내가 구원 받고 나의 오이코스를 구원으로 이끌고 그가 그의 오이코스를 구원으로 이끄는 살아 있는 생명 운동이 지속적으로 일어나는 소그룹이 되는 것입니다.

낳고 낳고가 이루어지게 하라는 것입니다.

그래서 우리는 태신자를 품고 기도하고 오이코스를 품고 기도하고 그들에게 예수의 생명을 전수하는 전도를 하고 코이노니아로 이끌어 들여 영적 생명을 낳는 일을 계속하는 것입니다.

2) 양육하라

둘째는 양육하는 것입니다.

새 신자는 소그룹 안에서 공동체의 돌봄을 통하여 양육되어야 합니다.

그리고 교회 양육시스템에 들어가 양육되어야 합니다.

가정에서 부모 형제들의 보살핌을 받으며 양육되고 학교에 가서 공부하며 양육되는 것과 마찬가지로 소그룹 안에서 서로 돌보며 사랑하며 자라고 체계적인 양육시스템으로 보내어 양육 받도록 합니다.

소그룹은 새신자가 양육되는 가정의 역할을 해야 합니다.

3) 번성하라

셋째는 번성하는 것입니다.

번성은 단순히 몇 사람 전도하는 것으로 완성되는 것이 아니고 소그룹이 소그룹을 낳게 되어야 합니다.

말하자면 소그룹이 소그룹을 낳는 시스템이 되는 것입니다.

이를 위해서는 새신자도 소그룹 안에서의 보살핌과 교제의 경험 속에 자라고 양육시스템을 따라 교육받으면서 소그룹 리더로 성장해야 합니다.

그래서 모든 지체는 다 리더로 성장하고 소그룹을 개척하고 소그룹을 돌보는 소그룹 리더가 되어야 합니다.

소그룹 전도는 각자의 오이코스에서 코이노니아로 전도하여 들이고는 전도된 새 신자를 묶어 자신의 소그룹을 개척하고 소그룹 리더가 되어 지체들, 새신자들을 돌보고 양육하는 과정으로 들어가야 합니다.

이와 같은 낳고 기르고 번성하는 생명 라인이 끊임없이 이어지는 소그룹이 되어야 하는 것입니다.

2. 증식의 철학/당신도 할 수 있다

소그룹에서는 모든 소그룹 멤버를 지도자로 훈련하는 것을 목표로 합니다.

각기 자신의 소그룹을 개척하고 목양하며 제자 훈련하여 자신의 소그룹 멤버들도 또 소그룹 리더로 성장시켜가는 것입니다.

그간의 초기 셀 교회 운동에서는 특별한 사람을 선택하여 리더로 훈련하고 일반 멤버는 멤버로만 활동하는 이중구조를 가지고 있었습니다.

한 셀에서 차기 리더를 훈련하여 셀이 배가하여 분가 할 때 그간 훈련한 특별한 리더가 새 셀을 인도하게 하였습니다.

그렇지만 G-12 이후 셀 교회는 전원 리더를 목표로 합니다.

모든 거듭난 그리스도인, 성령 받은 그리스도인은 제사장이요 더구나 왕 같은 제사장이듯이 모든 거듭난 그리스도인, 모든 성령 받은 그리스도인은 소그룹 셀 리더가 될 수 있고 되어야 합니다.

1) 하나님의 형상과 지도력

창 1:26, 하나님이 가라사대 우리의 형상을 따라 우리의 모양대로 우리가 사람을 만들고 그로 바다의 고기와 공중의 새와 육축과 온 땅과 땅에 기는 모든 것을 다스리게 하자 하시고

27, 하나님이 자기 형상 곧 하나님의 형상대로 사람을 창조하시되 남자와 여자를 창조하시고

28, 하나님이 그들에게 복을 주시며 그들에게 이르시되 생육하고 번성하여 땅에 충만하라, 땅을 정복하라, 바다의 고기와 공중의 새와 땅에 움직이는 모든 생물을 다스리라 하시니라

하나님은 사람을 지으실 때 하나님의 형상대로 창조 하셨고 하나님의 형상은 리더십을 포함한다고 믿습니다.

사람에게 만물을 다스리고 지키는 사명을 주신 것은 사람은 누구나 일종의 리더십을 가지고 태어난다는 것을 의미 합니다.

정도의 차이는 있지만 모든 사람은 나름대로 리더십을 가지고 태어난다고 봅니다.

소그룹에서는 모든 그리스도인, 모든 소그룹 지체가 리더로 훈련 되고 성장하여 소그룹을 개척하는 것을 원칙으로 하며 훈련해 나가고 소그룹을 개척해 나갑니다.

육신적으로 사람이 태어나고 자라면 다시 자녀를 생산하듯이 모든 그리스도인은 영적인 자녀를 낳고 양육하는 능력을 가지고 태어난다고 믿는 것입니다. 육신적으로는 모든 사람이 자녀를 생산하고 양육하는 능력을 가지고 있는데 영적으로는 불가능하다고 보는 것은 옳지 않습니다.

영적으로도 건강하기만 하면 생산과 양육이 가능합니다.

현실적으로 생각하면 초등학교 졸업한 근로자가 대학 교수 그룹을 지도하는 리더가 되는 것은 어려울 것이라고 인정 됩니다.

그러나 근로자는 동질 그룹인 근로자 그룹을 지도하는 리더가 되는 것은 훨씬 가능합니다.

그러므로 소그룹 교회는 엘리트들만의 지도력을 기대하는 것이 아니라 모든 그리스도인 모든 지체의 리더십을 기대하며 이끌어 내며 동력화 합니다.

2) 주님이 함께 하신다

마 28:18, 예수께서 나아와 일러 가라사대 하늘과 땅의 모든 권세를 내게 주셨으니

19, 그러므로 너희는 가서 모든 족속으로 제자를 삼아 아버지와 아들과 성령의 이름으로 세례를 주고
20, 내가 너희에게 분부한 모든 것을 가르쳐 지키게 하라 볼지어다 내가 세상 끝날까지 너희와 항상 함께 있으리라 하시니라

주님의 지상명령은 우리 모든 그리스도인이 제자 삼는 제자가 될 것을 기대하며 명령합니다.

제자 삼으라는 주님의 지상 명령은 특수한 계층의 사람들에게만 주신 명령이 아닙니다.

모든 그리스도인은 이 명령 앞에 있습니다.

그렇다면 모든 그리스도인은 제자 삼는 일에 헌신하고 충성해야 합니다.

동시에 모든 그리스도인은 제자 삼는 리더가 될 수 있다는 믿음이 필요합니다.

모든 그리스도인은 제자 삼는 리더가 될 수 있습니다.

왜냐하면 우리가 제자 삼는 사역에 헌신하는 동안 주님께서 함께 하시기 때문입니다.

우리는 우리의 재능과 우리의 지혜만으로 소그룹의 리더가 되는 것이 아니라 주님이 함께 하시는 약속을 믿고 헌신하는 것입니다.

그리고 약속과 같이 제자 삼는 현장에 주님께서 함께 하시고 도와 주시는 것입니다.

우리는 그 누구도 우리의 지혜와 능력으로 영적인 리더가 될 수 없을 것입니다.

주님께서 함께 하시지 않으면 영적 리더가 될 수 없습니다.

그러나 제자 삼는 현장, 소그룹에서 주님의 명령에 헌신하고 충성할 때 주님이 함께 하시고 도와 주시는 것입니다.

예수님은 제자들을 전도 훈련하고 제자 훈련할 때 가서 전도하고 병을 고치라고 명령하시면서 병 고치는 권세와 능력도 주셨습니다.

눅 9:1, 예수께서 열 두 제자를 불러 모으사 모든 귀신을 제어하며 병을 고치는 능력과 권세를 주시고
2, 하나님의 나라를 전파하며 앓는 자를 고치게 하려고 내어 보내시며

부활하신 주님의 지상명령을 받고 나가 전도하고 제자 삼는 사역을 할 때 그 현장에 주님께서 함께 하시어 기적을 나타내시며 주님의 능력으로 복음전도가 이루어지게 하셨습니다.

막 16:20, 제자들이 나가 두루 전파할새 주께서 함께 역사하사 그 따르는 표적으로 말씀을 확실히 증거 하시니라

주님께서 함께 하시면 가능합니다.
누구라도 주님과 함께 하면 리더가 되어 영적 자녀를 생산하고 양육하고 제자를 삼을 수 있습니다.

3) 성령이 임하시면

모든 그리스도인이 리더가 되고 생산과 양육과 번식의 주인공이 될 수 있다는 것을 믿는 근거는 또 있습니다.
우리가 믿고 성령을 받을 때에 성령은 우리에게 후천적인 은사, 성령의 능력으로 말미암은 은사를 주심으로 주님의 사역을 할 수 있도록 하신다는 것입니다.

행 1:8, 오직 성령이 너희에게 임하시면 너희가 권능을 받고 예루살렘과 온 유대와 사마리아와 땅 끝까지 이르러 내 증인이 되리라 하시니라

주님은 우리에게 사명을 주실 뿐 아니라 사명을 감당할 능력도 주십니다.

세계 복음화의 사명은 단순한 명령형이 아니고 "되리라"는 약속형 명령이라는 점입니다.

성령이 임하시면 우리가 권능을 얻게 되고 성령의 능력으로 증인이 되는 것입니다.

사람의 힘으로 사람의 지혜로 할 수 없는 일도 주님의 성령으로 가능케 하신다는 것입니다.

> 슥 4:6, 그가 내게 일러 가로되 여호와께서 스룹바벨에게 하신 말씀이 이러하니라 만군의 여호와께서 말씀하시되 이는 힘으로 되지 아니하며 능으로 되지 아니하고 오직 나의 신으로 되느니라

힘으로 되지 아니하고 능으로 되지 아니하고 오직 하나님의 신 즉 성령으로 된다는 것입니다.

우리는 성령을 믿습니다.

성령은 인간의 지혜와 능력을 뛰어 넘는 지혜와 능력을 주십니다.

그래서 사역을 위하여 주시는 성령의 나타남과 능력을 우리는 성령의 은사라 부릅니다. 성령께서 주시는 은사를 힘 입으면 우리 누구라도 하나님 나라의 사역자가 될 수 있습니다.

소그룹의 지도자들은 성령의 은혜와 은사를 구하고 성령께 의지하여 사역하는 사람들입니다. 그리고 성령님께 의지하면 누구라도 사역자가 될 수 있고 리더가 될 수 있습니다.

- 당신은 리더가 될 수 있음을 믿습니까?
- 당신은 모든 성도가 리더가 될 수 있다고 믿습니까?

3. 증식을 위한 구조이해

1) 일반 구역 구조

증식이 이루어지기 위하여는 증식을 이루기 적합한 교회 구조가 갖추어져야 합니다.

대 교회 구조만으로는 코이노니아 원리가 살아나기 어려울 뿐 아니라 미션의 원리도 살리기 쉽지 않고 전도하는 구조로서의 강점을 갖지 못합니다. 뿐만 아니라 증식의 원리를 살리기 어렵습니다.

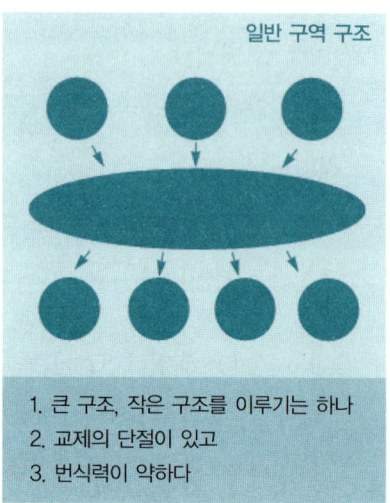

1. 큰 구조, 작은 구조를 이루기는 하나
2. 교제의 단절이 있고
3. 번식력이 약하다

그래서 우리는 소그룹 구조를 살리려고 하는 것입니다. 그런데 이미 언급한대로 우리는 이미 소그룹 구조인 구역을 가지고 있습니다.

그러나 구역이 진정한 코이노니아 경험도 안되고 전도하는 구조로서의 역할도 못하는 데다가 증식을 일으키지 못하는 시스템으로 죽어 있다는 것을 보았습니다.

위의 그림에서 지적하듯이 일반 구역 구조는 교제의 단절이 있고 전도하는 구조로서의 역할을 제대로 하지 못하며 증식력이 매우 약한 것이 사실입니다.

2) 고전적 셀 교회 구조

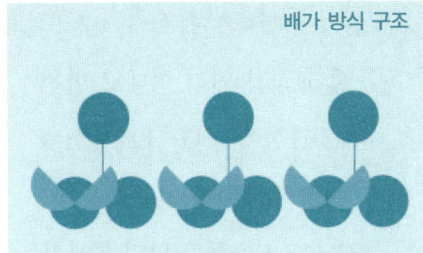

증식을 일으키는 구조로서 재발견되고 활용된 구조가 그간의 셀 교회 구조입니다.

고전적 셀 교회에서는 세포분열식 배가 방식 구조를 사용하게 되었습니다. 하나의 셀이 전도하고 성장하면 세포분열 하듯이 두 개의 셀로 분가하는 구조를 사용한 것입니다.

이 때 셀 리더는 새로운 셀 리더를 양육하고 훈련하여 셀 분가 시에 새로운 셀 리더가 되도록 하는 것입니다.

이로써 교회는 증식의 구조를 갖게 되었습니다.

상당한 효과를 가져왔고 이 구조를 사용한 교회들이 많은 성장의 열매를 보았습니다.

그러나 이 구조도 약점은 있습니다.

셀이 분가할 때마다 교제의 단절 내지 나누이는 아픔을 경험하면서 전도를 그만하자는 분위기가 조성 되는 경우가 발생하곤 했습니다.

그리고 셀 리더가 되는 사람은 많은 셀 멤버 중 한 사람이 선택되고 양육되고 훈련되어 새 리더로 성장하기 때문에 나머지 멤버들은 계속 성장하지 못하는 단점 즉 엘리트만 리더가 되고 많은 수의 신자가 여전히 재생산에 참여하는 기회가 주어지지 못하는 약점을 나타냈습니다.

3) G-12 구조

셀 교회가 여러 형태로 발전하는 과정에서 G-12 시스템이 나오게 되었습니다.

G-12 시스템은 담임 목사가 12명의 제자를 삼고 평생 훈련하면 12명의 제자가 각각 12명의 제자를 양육하는 시스템입니다.

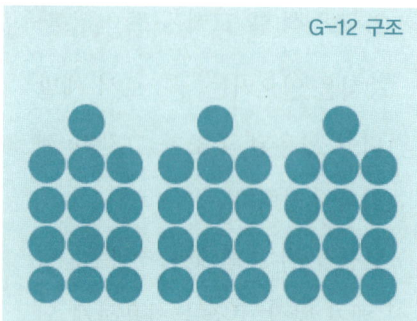

G-12 구조
1. 코이노니아의 단절이 없이 이어진다
2. 번식의 능력을 극대화 한다
3. 다만 배타적 절대적이어서 적용이 어렵다

그래서 12명씩의 제자로 계속 증식하는 12배가 증식 시스템입니다. 증식의 시스템으로서는 가장 강력한 시스템입니다.

코이노니아의 단절은 전혀 없습니다.

게다가 전원 다 리더가 되고 전원 증식을 하게 되는 구조로서 증식의 능력을 극대화하는 구조입니다.

한 가지 단점이 있다면 12제자 시스템이 배타적인 시스템이라는 점입니다. 개척하는 단계에서는 적용 가능한 시스템이지만 기존 교회에서는 여러 신자와 멤버가 있는 중에 12명을 선택해야 하는 것 때문에 많은 오해와 질투와 경계심을 일으킨다는 점입니다.

기존 교회에서는 갈등을 불러올 확률이 높고 피라미드형 상하 구조로 세워지기 때문에 다양한 계층의 사람들이 형제 자매로서 코이노니아 경험을 이루는 교회의 구조로서는 어려운 점이 있다는 것입니다.

그리고 그 정신과 용어에서 보듯이 G-12의 G는 Government 를 뜻하는 것으로 세상을 정복하기 위한 정부 형태를 지향합니다.

물론 영적인 의미에서 사용하고는 있습니다. 그러나 교회 운영도 12제자에 의해서 운영되는 것이 현실입니다. 그러다 보니 정치 구조의 성격을 지울 수 없다는 것이고 이것이 배타적인 평생 관계이므로 소외된 사람들의 갈등을 불러 올 확률이 많다는 것입니다. 대단한 카리스마로 다스리는 목사만이 밀고 나갈 수 있는 힘든 적용 과정이 있습니다.

많은 장점에도 불구하고 기존 교회에 적용하기가 어렵다는 점이 약점이라 보겠습니다.

4) 바나바 시스템

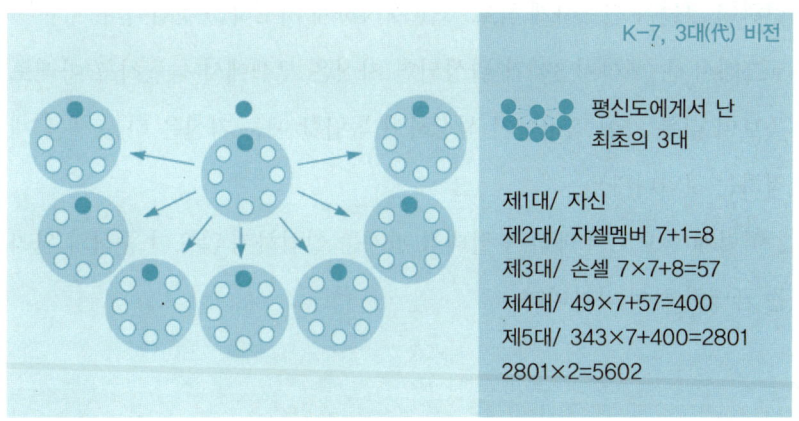

이러한 여러 구조들의 장점을 취하면서 증식을 극대화하는 구조를 만들어 보는 것이 바나바 시스템이 가려는 지향점입니다.

G-12의 증식을 극대화 하는 구조를 적용하되 절대적 배타적 구조를 만들지 않는 일상적 구조로 만든다는 것입니다.

우선 숫자는 12이라는 숫자를 고집하지 않기로 합니다.

평신도들이 감당하기 적절한 숫자로 7명을 기준으로 보았습니다.

너무 많으면 모임이 느슨해 지거나 늘어지고 평신도가 감당하기 어려운 경우가 될 수 있습니다.

반면 숫자가 너무 적으면 그룹 다이나믹스가 일어나지 않습니다.

이러한 의미에서 7이라는 숫자를 차용하고 있습니다.

둘째, G-12에서와 같이 전원 리더로 양육하고 전원 셀을 개척하여 리더가 되는 그리하여 증식을 극대화 하는 시스템으로 갑니다.

다만 7명의 제자를 만들어 내고 양육해 내는 셀로 가지만 이는 절대적 종신적 관계로 가지 아니하고 3대에 이르면 자유롭게 가는 구조 입니다.

자신이 모셀에서 양육을 받으며 전도하여 셀을 개척하게 되면 셀 라이프를 경험하면서 전도하여 자셀을 완성하고 자셀 멤버들을 양육하고 훈련하여 그들이 전도하게 하고 셀을 개척하게 지도하는 것입니다.

그래서 손 셀까지 3대가 완성되면 자신은 모셀에서 독립하고 아래로 돌보며 다른 자셀 멤버들이 성장하여 독립할 때는 자신은 다른 셀을 개척하는 것입니다.

이렇게 함으로써 배타적 절대적 관계는 성립하지 않으며 증식의 원리는 극대화 하여 나갑니다.

4. 소그룹 증식의 실제

1) 3대의 비전을 품으라

모든 성도들과 소그룹들은 증식의 비전을 품고 살아야 합니다.

증식의 비전은 3대代의 비전이라 부릅니다.

자신이 소그룹 리더가 되고 자신이 지도한 멤버들이 소그룹을 개척하여 소그룹 리더가 되면 그 리더에게 속한 멤버들은 자신에게는 3대代가 되는 것입니다.

자신이 소그룹을 개척하여 소그룹 리더가 되는 것으로 그치지 않고 자신이 지도하는 소그룹 멤버들이 소그룹을 개척하여 소그룹 리더가 되도록 돌보고 양육하고 훈련하는 것입니다.

3대代가 이루어지면 그리고 모든 지체가 이 비전을 품고 살고 사역하면 대가 끊기지 않고 영적 자손이 번성하는 결과를 가져오게 됩니다.

3대의 비전이 성취되어 내려가면 마침내 소그룹 시스템이 만들어진 것이고 3대의 비전은 낳고 낳고…, 소그룹이 소그룹을 낳는 생명의 증식 라인을 만들어 세대를 이어가면서 성장하고 부흥하도록 되는 것입니다.

성령무장 수양회를 하면서 셀 교회 원리를 가르치고 3대 비전을 설명해도 나이 드신 어른들이 이해를 잘 못하는 것 같았습니다.

그래서 저는 이렇게 설명했습니다.

"쉽게 말하여 권사님이 영적 자식을 본다는 것입니다. 그것은 어떻게 이뤄지지요?"

"전도해야겠지요."

"예 전도를 통하여 이루어지겠지요. 그러면 권사님이 전도하여 한 사람이 구원 받고 하나님의 자녀로 자라나면 그는 권사님에게 2대가 되는 것이지요?"

"그렇겠지요. 2대지요. 자식이니까 2대지요."

"그런데 그 자식이 다시 자라서 자식을 보게 되면 권사님에게는 손주가 되지요? 그러면 그 손주는 권사님에게 3대가 되는 것이구요?"

"그렇지요."

"이것이 3대 비전입니다. 권사님이 전도하여 영적 자식을 보고 그가 또 전도하여 영적 손주가 생기면 3대가 이루어지는 것이지요."

"그러면 K-7이란 무엇인가요?"

"K는 코이노니아의 약칭이고요, 코이노니아란 사랑과 성령으로 하나 되는 공동체라는 뜻이지요.

그리고 7은 물론 7명을 의미하고요. 그러니까 권사님이 영적 자식을 하나만 보는 것이 아니라 7명을 본다는 말입니다.

전도하여 일곱 명의 영적 자식을 보면 권사님이 7명의 자식을 양육하고 기르겠지요? 그 7명이 K-7이지요."

"아, 그러면 손주까지 보는 것이 3대인데 단순한 3대가 아니고 7명의 자식을 보고 그 7명의 자식이 각각 또 7명씩 자식을 보게 한다는 것이군요?"

"바로 그거지요. 권사님이 영적으로 7명의 자식을 낳고 양육하여 그 자식들이 다시 자식을 보는데 각각 7명씩 보게 되는 것이지요.

그러면 K-7 3대가 완성되는 것이지요. 최소한 우리는 이 번성한 3대를 보고 하늘 나라에 가야 할 것 아니겠습니까?"

"하믄요, 3대는 보는 것이 자연의 이치이지요. 그러면 K-7 3대를 보면 죽어도 되겠구만요?"

"물론 하늘나라에 가 기쁨으로 하나님께 보고드릴 수 있을 것입니다.

그런데 3대가 다 완성 되고도 기력이 남으면 손주가 손주를 보는 동안 권사님이 또 새로운 영적 자식을 낳아 기르면 더 좋은 것이지요."

"아이고 우선 3대를 보고 나서 생각할 일이구만요."

2) 3대 비전 이루어가기

그러면 어떻게 3대의 비전을 이루어가는 것인가요?

우리가 다룬 성장의 원리와 적용점들을 다시 기억해 보시기 바랍니다.

첫째는 코이노니아 원리입니다.

우선 담임 목사가 원형 실험 소그룹을 만들어서 경험하게 되어야 하겠지요.

코이노니아 경험이 풍성해 지도록 소그룹을 이끌어 갑니다.

다음에는 미션의 원리이고 소그룹 전도의 실행입니다.

소그룹에서 전도를 행합니다.

아가페만찬 기획전도를 실시합니다.

전도를 실시하여 얻게 된 새 신자는 한두 달은 모 그룹에 참여하게 할 수도 있지만 원칙적으로 전도한 당사자가 양육하고 관리합니다.

전도자가 새 신자와 더불어 소그룹 모임을 시작하는 것입니다.

이로써 소그룹이 개척된 셈입니다.

최초의 새신자 한 사람이라면 우선 양육 만남으로 시작하여 만나면서 그대로 이어서 그 한 명과 전도한 사람이 함께 소그룹 모임을 갖는 것입니다. 이 때는 모임의 형식이 중요한 것은 아닙니다.

둘이 일주일에 한 번씩 만나서 삶을 나누고 서로 또는 함께 기도하는 것입니다.

그러다가 또 전도를 합니다.

그리하여 한 명이든 두 명이든 얻게 되면 자신의 자셀 소그룹에 인도하여 자셀 소그룹이 성장합니다.

이번에 두 명이 전도 되었다면 두 명을 소그룹에 이끌어 들이면 이제 새 신자 세 명과 자신, 네 명이 소그룹 모임을 갖게 되는 것이지요.

이 때 방금 전도된 새신자와는 별도로 새신자 양육과정을 가져야 되겠지요.

또는 이미 새신자 양육과정을 한 신자에게 한번 더 복습하는 셈 치고 두 사람 양육하는 과정에 함께 하게 하고 이어서 계속 셀 모임을 가질 수도 있을 것입니다.

계속 전도하면 마침내 새 신자 7명을 얻어 K-7 소그룹이 완성됩니다.

이제 완성된 소그룹은 코이노니아 경험을 이루면서 양육시스템에 새 신자들을 참여시켜 교육하고 훈련합니다.

3) 전원 K-7 완성하도록 협력하기

그러는 동안 자신의 모셀 소그룹에 아직 K-7 소그룹을 완성하지 못한 지체가 있으면 여전히 공동으로 전도하되 K-7 소그룹을 완성한 사람은 아직 미완성한 지체를 돕도록 합니다.

이 경우는 친구되기 과정에서 전도될 사람을 소속시키기 원하는 지체를 함께 초청하고 함께 만나는 작업을 통하여 장차 전도 되었을 경우 그 지체의 소그룹으로 들어가는 일이 부자연스럽지 않도록 미리 작업합니다.

이렇게 서로 도와 가면서 모셀 소그룹 지체 모두가 K-7 소그룹을 완성하게 되면 모셀 소그룹은 소멸되고 각 지체는 자셀 소그룹에 충실하며 다음 세대를 지도 육성하여 전도하고 소그룹을 개척해 나가도록 지도합니다.

소멸된 모셀 리더는 이제 새로이 셀을 만들어 사역합니다.

그래서 3대는 계속 이어져 나가게 합니다.

5. 셀교회 전환 5개년 지침

1) 4대 비전 설교를 하면서 1차년도에는 먼저 담임 목사 자신이 실험 셀을 만들어 인도 하십시오.

남성 한 셀, 여성 한 셀 두 반을 시작하십시오.
여성 셀에는 사모님이 반드시 들어가도록 하십시오.
가능하면 사모님이 여성 셀을 하면 좋습니다.
그러나 한국적인 특수문화에서는 사모님이 시작하기 어려우면 목사님이 여성 셀도 시작하면서 사모님을 넣어 사모님도 다른 신자처럼 한 멤버로 시작하여 실력 발휘를 하도록 하시기 바랍니다.
실험 셀에서는 약 6개월간 코이노니아 원리가 체험 되도록 서로 삶을 나누는데 초점을 두고 진실로 서로 사랑하고 서로 짐을 지는 사랑의 중보기도가 셀 모임의 주안점이 되게 하십시오.
목사도 한 형제로 내려가서 서로 사랑하는 법을 익히십시오.
서로를 열고 서로를 위하여 기도하고 서로 사랑하는 코이노니아 그리고 그 안에서 공동으로 하나님을 체험하는 성령공동체가 되게 하십시오.
한번은 순수 나눔 코이노니아로 셀 모임을 갖고 한번은 학습을 위한 셀 모임으로 갖습니다.
학습 셀 모임에서는 셀 교회의 원리, 셀 교회 비전 등 비전스쿨에서 가르칠 내용을 차례로 조금씩 학습하여 나가십시오.
바나바 비전 스쿨 교재를 사용하면 됩니다.
그리고 나서 양육교재를 학습하여 장차 전도하였을 때에 새신자를 각자가 양육할 수 있는 능력을 갖도록 하십시오.

2) 실험 셀 멤버들이 셀 교회의 원리와 비전을 공유하게 되고 새신자 양육 준비가 되면 후반기에는 코이노니아에다 미션의 원리를 살리도록 하여 전도운동을 시작하십시오.

태신자 작정, 중보기도 실시, 친구되기 실시, 아가페만찬을 실시하여 전도하는 일에 매진하십시오. (셀 교회 전도 매뉴얼을 참조하고 그대로 실행하십시오.)

그러기 위하여 후반기에는 셀 모임이 영혼구원 중보기도 모임이 강화되어야 합니다.

전반기에는 진심교제(나눔)에 시간이 많이 쓰였지만 후반기에는 진심교제를 요령 있게 해서 줄이고 네 번째 순서인 진성기도(중보사역)을 강화시켜 더 많은 기도를 하게 합니다.

아가페 만찬 전도나 혹 개인전도를 통하여 얻게 된 새신자는 각자가 양육 모임을 일주일에 한번씩 가지고 새신자 양육과정에 들어 갑니다.

새신자 양육과정이 끝나면 새신자와 더불어 삶을 나누는 코이노니아 모임을 지속해 나갑니다.

그것이 자셀 개척으로 이어지게 합니다.

3) 2차년도에는 실험 셀은 계속 모이면서 코이노니아를 누립니다.

동시에 1년 두 차례 전반기에 한 번 후반기에 한번 아가페 만찬 전도를 기획하고 실행하여 전도를 계속합니다.

새신자는 한 명이면 한 명 두 명이면 두 명 새신자 양육을 합니다.

양육 후에는 각자 자셀로 영접하여 자셀을 성장시켜 나갑니다.

4) 동시적으로 목사는 전적으로 셀 사역에 집중하도록 코칭셀을 엽니다.

코칭셀은 목사가 감당할 분량을 헤아려 3개정도 지도합니다. 이 때 코칭셀은 장차 셀 리더가 될 사람을 소명하여 경험하게 합니다. 대체로 현 구역장과 제직들이 해당될 것입니다.

코칭셀에서도 전반기에는 코이노니아 중심의 나눔 모임이 되게 합니다. 그리고 한 번은 나눔셀 한 번은 학습셀로 합니다. 학습셀로 모일 때는 셀교회의 원리를 공부하고 새신자 양육과정까지는 훈련 합니다.

5) 코칭셀에서도 후반기에는 아가페 만찬 전도를 기획하고 실행합니다.

전도하여 얻은 새신자는 각자가 양육합니다.

6) 3차년도에도 실험셀은 계속되며 전반기 후반기 각각 아가페 만찬 전도와 개인전도를 하여 각 멤버는 K-7 자셀을 완성합니다.

이러는 동안 교회에서 제공되는 다른 양육 시스템에 들어가 교육받고 훈련되도록 리더는 새신자들을 코치하고 격려합니다.

7) 코칭셀은 해체 됩니다.

그 대신 코치 받은 리더들이 자셀을 엽니다. 이 때 각자 지난번 코칭셀에서 전도하여 얻은 새신자는 자기 자셀 멤버로 영입하고 각각 새신자를 포함하여 7명씩의 신자를 영입하여 셀을 만들게 합니다.

이 때 각 리더는 각자 영입하는 노력을 하고 담임 목사는 코칭셀에서 교육된 리더를 공시하고 그들에게 들어가 K-7 셀을 이루도록 권장합니다.

코칭셀에서 훈련된 리더는 K-7을 완성하는 대로 그 명단과 모이는 요일과 시간을 보고 받습니다.

8) 새로 구성된 전체 셀에서는 나눔셀을 중심으로 하고 학습셀은 하지 않습니다.

그대신 담임 목사는 1년 두 차례씩 비전 스쿨을 열어서 셀 교회 원리와 적용을 교육합니다.

9) 전체 셀에서도 전반기는 코이노니아 중심 셀 모임을 갖고 후반기에는 전도 중심의 셀 모임을 강화합니다.

전체 셀이 동시적으로 아가페 만찬을 행한 후에는 교회 전체적인 대추수 축제를 행하여 거두어 들이고 잔치하는 일을 합니다.

그리고 4차년도 즉 전체 셀 2차년도에는 전반기 후반기 두 차례 전도를 실시합니다.

10) 4차년도에는 전체 셀이 두 번씩 전도하며 3차년도 후반기부터 시작된 자셀을 키워나가 3대 비전으로 성장시켜 갑니다.

코칭셀을 더 해야 할 필요가 있는 경우에는 4차년도에는 새로운 코칭셀을 열어 동일한 방법으로 코치하고 남은 신자들을 셀로 영입하여 전원 셀 멤버가 되도록 합니다.

단 재생산이 어렵다고 판단되는 노인들이나 특수한 신자들은 비슷한 신자끼리 묶어서 전도나 재생산에 부담 없이 나눔셀을 갖도록 지도하여 만들어 줍니다.

예를 들면 실버셀 같은 것을 만들어 노인들을 흡수하여 즐거운 모임을 누리도록 지도합니다.

11) 5차년도까지 하여 전체셀에서 3대 비전이 성취되어 K-7 손셀이 완성되게 합니다.

〉〉 셀교회 전환 5개년 지침

년도	구분	1월	2월	3월	4월	5월	6월	7월	8월	9월	10월	11월	12월	비고
1차년도	비전설교					실험셀			코이노니아 + 학습					2대셀 시작
												아가페		2대셀 성장
2차년도	공청셀				코이노니아 + 학습				코이노니아 + 미션			아가페		2대셀 리더
3차년도	실험셀				코이노니아 + 미션 + 증식				코이노니아 + 미션 + 증식			아가페		2대셀 완성
	전체셀				3대 비전			아가페			K-7일성		아가페	3대셀 시작
4차년도	전체셀				코이노니아 + 미션			아가페	코이노니아+미션			아가페/ 추수		3대셀 성장
5차년도	전체셀			코이노니아 + 미션 + 증식			아가페/ 추수		코이노니아 + 미션 + 증식			아가페/ 추수		3대셀 완성
				3대 미전					K-7일성			아가페/ 추수		3대셀 완성

6. 청년들을 먼저 일으키기

기존교회가 변화를 경험하려면 많은 시간과 노력이 필요합니다. 그리고 연령이 높을수록 새 것을 거부하는 경향이 있습니다. 그리고 실제로 교회부흥의 동력은 젊은이에게서 옵니다.

젊은이를 먼저 일으키는 전략을 시행하는 것이 빠를 수 있습니다. 그러므로 어떤 교회의 경우는 대체로 나이 많은 그룹이 교회의 주 멤버를 이루고 있는 경우는 젊은이를 먼저 일으키는 전략을 구사할 필요가 있습니다.

이 경우에는 나이든 성도들이 소외감을 느끼지 않도록 담임 목사가 나이든 성도들 케어에 신경을 쓰면서 청년 사역에 좀더 집중하여야 합니다.

1) 기존의 모든 교회 시스템을 있는 대로 돌아가게 하되, 담임 목사가 2-3년간 청년들 일으키는 일에 좀 더 집중하는 목회를 하겠다는 것을 이해시킨다.
2) 청년들을 셀 교회 시스템으로 전환시키도록 한다.
3) 담임 목사가 청년들 중에서 STAR가 될 사람들을 7명 뽑아서 K-7 셀을 인도한다.
4) 청년들의 경우는 남, 녀 혼성 셀도 가능하다.
5) 7명을 데리고 4진w방식으로 셀 모임을 가지며 셀 라이프를 경험하고 나눈다.
6) 이러는 동안 전교회적으로는 셀 교회로의 전환을 준비한다. 이를 위하여 우선 양육시스템을 구축한다. 주일 오후예배를 양육 모임으로 만들 수도 있을 것이고 안되면 별도의 양육의 날을 만들어 양육시스템을 돌려야 한다.
7) 이 때 물론 7명의 청년들도 양육시스템에서 교육을 받도록 한다.

8) 청년들이 약 반년의 셀 라이프를 경험하고 양육시스템에서 양육 받게 되면 셀 전도를 시도한다. 청년 셀에서 아가페만찬을 기획하고 중보기도와 친구되기와 만찬을 통한 복음제시를 통하여 전도한다.
9) 전도한 친구와 자신의 자셀을 열도록 지도한다. 그래서 개인전도 및 셀 전도를 통하여 각자가 자셀을 만들고 키워나가게 한다. 그러는 동안에도 모셀은 진행되며 담임목사는 계속 코치하여 나간다. 이렇게 해서 2차년도에는 청년 셀이 7개가 운영되면서 전도해 나간다.
10) 3차년도가 되면 손셀이 나오게 되고 청년회가 부흥한다는 소문과 기쁨이 전교회 성도들에게 감격이 되게 하고 가끔씩 예배에서 셀 라이프를 통한 축복을 청년들이 간증 하게 한다.
11) 청년들의 셀이 3대 비전으로 나가게 되면 계속 지도하고 격려하면서 이제 중, 고등부를 셀 시스템으로 만들도록 시도한다. 청년 중에 셀 리더로서 능력을 발휘하는 청년들을 골라 중, 고등부를 맡기고 셀 리더로 중, 고등부 K-7을 만들어 지도하면서 중, 고등부 학생들도 자셀을 개척해 나가도록 지도한다.
12) 이 두 부분의 셀 시스템 과정의 경험을 살려 장년들을 셀 시스템으로 전환시키는 작업에 들어간다.
13) 이 때쯤 되면 장년들을 어떻게 셀 시스템으로 만들 것인가의 비전과 전략이 담임목사의 생각 속에 구체화 될 것이다. 이를 따라 장년들을 셀 시스템으로 전환하여 비슷한 방식으로 장년 셀을 지도한다.
14) 다만 K-7 한 그룹으로 장년 리더십을 흡수하지 못할 경우에는 두 그룹이나 세 그룹을 만들어 거기에 목회를 집중하는 해를 갖도록 한다.
15) 장년에서 3대의 비전이 이루어져 가면서 담임목사는 계속 영적 불을 붙이는 자의 역할을 해 나간다.
16) 장년까지 3대 비전을 이루는데 10개년 계획을 세워서 실행하면 좋을 것이다.

5장
교회성장의 본질적 열쇠로서의 시스템과 불

I

시스템과 불의 이해

교회 성장학자 중 한 사람인 피터 와그너는 말하기를 "교회성장의 열쇠는 시스템과 불 즉 성령의 능력"이라고 말한 바 있습니다.

상당한 일리가 있다고 생각합니다.

시스템 즉 교회가 성장하려면 교회가 구조적으로 성장을 위한 구조를 가져야 한다는 것입니다.

일시적으로 성장하고 멈추는 그런 성장이 아니라 계속되는 성장을 위하여는 성장 구조를 가지고 있어야 한다는 것이지요.

그러나 더욱 중요한 것은 불입니다. 선로가 놓이고 열차가 있어도 동력으로서의 불이 없는 한 열차는 달리지 못합니다.

마찬가지로 시스템을 갖추고 있어도 불, 즉 성령의 은혜와 능력이 아니면 교회성장은 가능하지 않습니다.

그러므로 교회 부흥과 성장의 두 가지 기본이 되는 열쇠는 시스템과 불이라는 것이 대부분의 교회 성장학자들의 공감입니다. 시스템은 교회 성장을 담는 기관차요, 불은 동력인 셈입니다.

이제 이 시스템과 불에 대한 이해를 가져보도록 하지요.

1. 시스템 이해

교회에서의 시스템이란 교회가 살아가고 움직여 가고 사역해 가는 동력을 조직화 하거나 담아내는 구조를 말합니다. 오늘날 교회가 움직여 가는 시스템은 다음 몇 가지로 구분하여 살펴 볼 수 있습니다.

1) 교회의 정치 시스템

교회는 관리하고 움직이기 위하여 정치 행정 시스템을 가지고 있습니다. 대체로 당회, 제직회, 공동의회 또는 사무총회 등의 시스템으로 운영하고 관리하고 움직입니다.

교회의 정치 시스템은 교회를 관리 운영하기 위하여 필요한 시스템인데 자칫하면 교회의 영적 역동성을 저해하는 요소로도 작용할 때가 있습니다.

따라서 정치 시스템은 지나치게 권위주의적이 되거나 강조 되거나 해서는 안되며 교회의 본질적인 사역이 최소한의 시스템으로 기능하는 것이 좋겠습니다.

2) 교회의 양육(교육과 훈련) 시스템

교회는 영성을 양육하고 성경을 가르치고 영적 사역자로 길러내기 위하여 교육과 훈련이라는 양육시스템을 가지고 있습니다.

예배로서만 교회가 나아갈 경우와 양육시스템을 가지고 교육하고 훈련할 때의 차이는 큰 것입니다. 양육시스템이 없이는 여간해서 사역자로, 일꾼으로 무장되지를 않습니다.

교육과 훈련을 통하여 성도들이 영적으로 자라고 일꾼으로 무장되는 것입니다. 교회마다 각기 상이한 양육시스템을 갖지만 대체로 새신자를 양육하고, 교육하고, 훈련하여 일꾼으로, 사역자로 만드는데 까지 이르도록 양육하는 시스템들을 사용합니다.

여기에는 경건 및 영성 훈련, 교리교육, 성경 공부, 사역의 원리와 실제 등 다양하게 커리큘럼을 만들어 사용합니다.

3) 교회의 사역 시스템

교회는 또한 사역 시스템을 갖습니다.

중보기도 사역 팀, 전도 팀, 봉사 사역 팀, 선교사역 팀 등 사역을 중심으로 엮어 활동하는 구조를 사용합니다.

4) 소그룹 시스템

교회가 행복해지고 부흥 성장을 경험하려면 아무래도 소그룹 셀 시스템을 가져야 합니다.

소그룹 셀 시스템이란 위에서 코이노니아 원리로부터 미션의 원리 증식의 원리를 담아내는 시스템을 말합니다.

이러한 시스템 중에서 셀 교회가 세워지고 교회성장이 이루어지려면 소그룹 셀 시스템과 양육시스템이 잘 갖추어져야 합니다.

이를 두 바퀴 시스템이라 불러 보겠습니다.

5) 두 바퀴 시스템

이제 우리 교회에 성령의 불을 내려 달라고 기도하면서 부흥할 셀 교회 시스템을 구축하는 일을 해야겠습니다.

셀 교회 시스템은 다시 정리하면 두 바퀴 시스템을 갖추어야 합니다.

하나는 셀 시스템이요, 하나는 양육 시스템입니다.

물론 중요한 것은 셀 시스템이지요. 그러나 셀은 가정과 같아서 셀 안에서 아이가 양육되듯 새신자가 양육되는 것은 사실이지만 아이가 자라면 학교에 가서 교육을 받듯이 셀 안에서 양육되면서도 새신자는 더 집중적인 교육과 훈련을 필요로 합니다.

그것이 양육 시스템입니다. 셀은 가정이고 양육시스템은 학교라 할 수 있습니다. 셀 안에서 양육되는 새신자들이 양육시스템을 통하여 훈련됨으로써 리더로 세워져 가야 하는 것입니다.

(1) 셀 시스템

먼저 셀 시스템이 구축되어야 합니다.

셀 시스템이라 말할 때는 담임 목사가 K-7 모델을 만들고 함께 전도하면서 각 셀 원이 다시 자기들의 자셀(담임 목사에겐 손셀)을 만들게 되어야 하고 자셀 셀 원들이 또한 각각 자기들의 자셀(셀 원들에게 손셀, 목사에겐 증손 셀)을 개척하게 되는 3대비전이 성취되는 셀 시스템을 의미합니다.

평신도가 손셀을 보는 경우 목사에겐 4대가 이루어지는 셀 시스템 라인이 구축될 때 셀 시스템이 구축된 것으로 보아야 할 것 같습니다.

그런데 왜 3대 비전이라고 하느냐 하면 각자 3대를 보는 비전으로 가면 결국 셀 시스템 라인이 대를 이어가는 시스템이 되기 때문입니다.

4대가 이루어졌을 때를 시스템 구축으로 보는 이유는 1대는 목사 자신이기 때문에 평신도들에게서 3대가 나올 때를 시스템 구축이 된 경우라고 평가하자는 것입니다.

(2) 양육 시스템

아이들이 가정에서 다 배우고 자라는 것이 아니라 학교에 가서 공부하듯이 교회에서도 셀이라는 가정에서 양육되는 부분 외에 속히 리더로 세우기 위하여는 교육과 훈련을 포함하는 양육시스템이 필요합니다.

대부분의 셀 교회는 그래서 탁월한 양육시스템을 구축하고 있는 것을 봅니다.

우리 K-7 시스템에서도 최소한의 양육시스템 구축을 돕도록 자료를 마련하였습니다.

이미 한 번 언급한 바 있는데 우리의 양육시스템은 다음과 같습니다.

전도하고 정착 시킵니다.

예수만남 수양회를 열어서 새신자가 예수님을 만나는 즉 성령체험을 하도록 이끌어 줍니다.

거듭난 경험을 한 신자를 양육하여 기본적인 교회생활을 하도록 또 경건생활을 하도록 하는데 이 때는 1:1 양육을 기본으로 합니다.

다만 양육자를 교육시키는 일은 미리 기존 신자들에게 교육시켜 놓아야 합니다. 이 양육은 전도자가 전도 즉시 실시하게 합니다.

전인치유수양회를 열어 몸도 마음도 영혼도 건강하게 치유되도록 합니다. 건강한 영혼과 마음이 되어야 말씀이 잘 심겨지고 잘 자라게 됩니다.

제자훈련 과정에 들어가 말씀 묵상과 중보기도 가치관 등을 가르쳐 좀 더 성숙하고 사역의 방향으로 성장하게 합니다.

제자훈련 과정은 그룹으로 하거나 클래스 웍으로 할 수도 있습니다.

천국가정 수양회를 열어 가정을 구원하고 가정을 든든히 하는 기회를 삼습니다.

지도자 학교를 열어 셀 교회의 원리 적용 실행 등을 교육시켜 셀 리더가 될 준비를 하게 합니다.

성령무장 수양회를 열어 사역자로서의 성령의 은사와 능력을 사모하고 받고 봉사하게 이끌어 줍니다.

이 양육과정을 이수한 자는 대체로 셀 리더가 될 수 있는 소양을 갖춘 것으로 보고 셀을 개척하고 지도하게 하며 격려하고 코치하여 나갑니다.

이보다 더한 양육과정을 설치할 수도 있습니다.

교회의 수준과 형편에 따라 담임 목사가 판단하여 다른 훈련과정을 더 할 수도 있습니다. 양육시스템은 이 외에 더 첨가할 수 있고 어느 부분은 생략할 수도 있을 것입니다.

여기서 제시 된 것은 최소한의 것이라고 생각됩니다. 다른 제자훈련 커리큘럼을 사용할 수도 있습니다. 하지만 여기 제시된 시스템만으로도 상당한 효과를 거둘 것입니다.

문제는 셀 시스템을 먼저 구축할 것이냐 양육시스템을 먼저 구축할 것이냐 하는 점일 것인데 중요성에 있어서 셀 시스템이 훨씬 중요합니다.

그러나 시스템 구축 순서로서는 양육시스템이 먼저 되어야 할 경우도 있습니다.

기존 신자들이 많이 있는 기성 교회에서는 양육시스템을 구축하면서 셀 시스템을 구축해 나가는 편이 될 것이고 신자가 많지 않은 개척교회에서는 셀 시스템을 구축하면서 이어서 양육시스템을 구축하는 편이 될 것입니다.

두 바퀴의 시스템이 구축되고 거기 성령의 불로 화력을 공급하면 교회는 세계를 향하여 달려 가며 영혼을 추수하는 교회로 계속 성장해 나갈 것입니다.

비전을 바라보십시오. 3대 비전을 성취하는 일에 헌신하십시오.

이후의 성장과 부흥은 감당하기 어려울지도 모르지만요. 즐거운 비명 소리를 듣도록 하지요.

2. 불/ 생기를 불어 넣으라

겔 37:7, 이에 내가 명을 좇아 대언하니 대언할 때에 소리가 나고 움직이더니 이 뼈, 저 뼈가 들어 맞아서 뼈들이 서로 연락하더라
8, 내가 또 보니 그 뼈에 힘줄이 생기고 살이 오르며 그 위에 가죽이 덮이나 그 속에 생기는 없더라
9, 또 내게 이르시되 인자야 너는 생기를 향하여 대언하라 생기에게 대언하여 이르기를 주 여호와의 말씀에 생기야 사방에서부터 와서 이 사망을 당한 자에게 불어서 살게 하라 하셨다 하라
10, 이에 내가 그 명대로 대언하였더니 생기가 그들에게 들어가매 그들이 곧 살아 일어나서 서는데 극히 큰 군대더라

우리는 셀 교회의 원리와 사명과 구조에 대하여 살펴 보았습니다.

마지막에 구조로서 두 날개를 가진 건강한 교회의 틀(시스템)을 가져야 하는 것까지 공부했습니다.

그러나 이제 이러한 원리와 구조를 갖게 하여 셀 교회의 틀을 만들기만 하면 교회는 자동적으로 건강해 지는가?

자동적으로 생산적이 되고 성장하는가? 하는 것입니다.

물론 이 원리가 살아난다면 이 틀이 제대로 만들어진다면 성장할 것이 틀림 없습니다. 그러나 자동적인 기계적 작용은 아닙니다.

왜냐하면 살아 있는 유기체로서의 공동체는 시스템(틀)만 만든다고 되는 것이 아니라 생기가 들어가야 합니다.

불이라는 동력이 있어야 합니다. 오늘 에스겔이 본 환상과 거기에 역사하시는 하나님의 성령의 역사를 따라 그 생기의 원리를 깨달아 보기로 합니다.

1) 흩어진 뼈

에스겔이 본 환상은 흩어져 있는 뼈들입니다.

비유컨대 오늘 대체적인 우리 교회의 모습이 이 흩어진 뼈가 아닌가 싶습니다. 뼈들이 흩어져 있습니다. 신자들이 흩어져 있는 모습이기도 합니다. 하나된 코이노니아를 이루지 못하고 게다가 흩어진 채로 죽어 있습니다. 대그룹 구조만 가지고 있는 교회들의 대부분은 신자들이 교회에 모여 예배는 하고 있으나 하나 되지 못합니다. 모래알들을 모아 놓았다가 다시 흩어버리는 것과 같은 마른 뼈들을 모아 놓은 것에 불과한 현상을 봅니다. 생기도 없고 감격도 없고 능력도 없습니다. 마른 뼈들의 모임과 같습니다.

성경은 말합니다. 교회는 그리스도의 몸이라고 가르칩니다.

롬 12:4, 우리가 한 몸에 많은 지체를 가졌으나 모든 지체가 같은 직분을 가진 것이 아니니
5, 이와 같이 우리 많은 사람이 그리스도 안에서 한 몸이 되어 서로 지체가 되었느니라
고전 12:27, 너희는 그리스도의 몸이요 지체의 각 부분이라

교회가 코이노니아 공동체로서 그리스도의 한 몸으로서 유기체인데 신자들이 모이기는 하나 연합된 경험을 갖지 못하고 있다면 모래알들이 모였다가 다시 흩어지는 모양이 될 것이고 몸이 죽어 뼈들이 하나로 연결되지 못한 흩어진 뼈와 같을 것입니다.

이제 몸으로서의 교회는 뼈들이 연락하고 하나로 연합 되어야 합니다.

엡 4:16, 그에게서 온 몸이 각 마디를 통하여 도움을 입음으로 연락하고 상합하여 각 지체의 분량대로 역사하여 그 몸을 자라게 하며 사랑 안에서 스스로 세우느니라

흩어진 뼈들이 연락하고 상합하게 되어야 합니다.
교회의 지체들이 흩어진 상태로는 아무런 생명도 능력도 없습니다.
연락해야 합니다. 연결되어야 합니다. 영적으로 연결되는 경험이 일어 나야 하고 상합하고 연합하는 경험이 일어 나야 합니다.

형체가 만들어짐

에스겔의 환상을 다시 봅니다.
여기서 하나님의 명령을 따라 대언하니 뼈들이 서로 붙어집니다.
그리고 살이 돋고 가죽이 덮이고 사람의 형체를 이루게 됩니다.
우리가 셀 구조를 살리려 할 때 분명 이 뼈 저 뼈가 맞아 들어가며 서로 붙게 되는 역사를 볼 것입니다.
사람의 형체가 만들어지듯 셀 교회 구조로 전환 할 때 교회의 형체가 만들어 질 것입니다.
연락하고 상합하는 구조가 될 것입니다.
대구조 예배에 모였다 흩어지는 경우로서는 경험 되지 않는 연락과 상

합 즉 연결과 연합이 이루어지는 것을 경험하게 될 것입니다.

그러나 아직 문제는 생기가 없어 작동하지 않고 살아 움직이지 못한다는 것입니다. 사람의 형체는 만들어졌어도 살아 움직이는 주의 군대를 이루지 못하는 것입니다.

여기에 생기가 필요 합니다.

셀 교회도 셀로 전환하면 자동적으로 교회가 살아나서 군대를 이루고 성장하고 부흥하는 것이 아닙니다.

셀 교회에도 생기가 필요합니다.

시스템만 갖춘다고 부흥하는 것이 아니고 불이, 생기가 들어가야 합니다.

2) 생기를 불어 넣으라

형체는 만들어 졌으나 생기가 없어 살아 움직이지 못하던 사람 형체에 하나님의 명령을 따라 생기가 들어가기를 대언하니 생기가 들어가 모두가 살아 움직이는 생명체가 되어 주의 큰 군대를 이루게 되었습니다.

셀 교회에도 구조만 바꾼다고 되는 것은 아니며 생기가 있어야 합니다.

생기는 어디서 옵니까? 물론 하나님께로부터 옵니다.

오늘날 교회에 생기를 주는 것은 무엇입니까?

그것은 성령입니다.

여러분 초대 교회가 어떻게 능력 있는 교회로 탄생하였습니까?

오순절 날에 성령이 임하시므로 생기 있는 교회로 태어났고 그 생기로 말미암아 초대 교회는 위대한 주의 군대를 이루어 복음 전선은 사방으로 확대 되어 나갔습니다.

그러므로 셀 교회 사역은 성령 사역입니다.

성령께서 만드시는 것입니다.

우리는 셀 교회 구조를 갖추고는 주께서 약속하신 대로 성령이 임하시어 생기를 주시기를 기도해야 합니다.

셀 리더들은 성령 충만해야 하고 셀 모임을 성령의 은혜로 이끌어 가야 합니다.

오늘날 많은 교회들이 셀 교회 구조를 채택하여 셀 교회 세우기를 시도합니다.

그러나 모든 교회가 셀 교회로 잘 세워져서 부흥하고 성장하는 것은 아닙니다.

전체적으로 말해서 셀 교회로 폭발적인 부흥과 성장을 경험하며 감격하게 되는 교회는 성령의 뜨거운 체험을 하며 성령의 은사를 사용하는 오순절 계통의 교회들에서 더 먼저 더 광범위하게 나타났다고 하는 것은 셀 교회가 셀 구조로 바꾸기만 하여 되는 것이 아니라 성령의 은혜와 은사를 아는 자들로부터 일어났으며 성령의 역사 가운데서만 셀이 살아난다는 것을 보여 주는 것입니다.

그러므로 셀 교회로 이끌려고 하는 지도자들은 성령의 사람이 되어야 합니다.

셀 리더들은 성령 충만한 사람을 세워야 합니다.

성령이 임재 하시고 운행하시는 셀이 되어야 합니다.

어떻게 셀 구조로 바꾸느냐 보다 더 우선적이고 중요한 것은 성령 충만한 교회를 만드는 일입니다.

성령의 생기를 셀 그릇에 담아야 합니다.

성령의 은혜와 은사 없이 셀 그릇은 제 구실을 못합니다.

생기 없이 형체를 만들어 낸 것으로 다 이루어지는 것이 아니기 때문입니다.

그래서 셀 교회는 대교회 구조에서 이루어지는 축제의 예배가 갱신되어 성령 충만한 예배가 되어야 셀 교회도 더욱 생기 있게 부흥하고 성장합니다. 그래서 셀 교회를 하려는 교회는 예배갱신을 경험하고 성령 안에서 드리는 감격적인 예배가 살아나야 하며 기도하는 교회로 세워져야 합니다.

3) 큰 구조와 셀 구조에서의 성령의 은혜의 순환

성령 충만한 교회가 된 다음에 셀 교회 구조로 바꿀 것이냐 셀 구조로 바꾸고 성령 충만하게 할 것이냐 하는 순서는 정하기 어렵습니다.

다만 셀 교회 구조로 바꾸려는 지도자는 셀의 생명이 성령의 은혜와 성령의 능력이라는 것을 확신하는 것입니다.

그리고 셀 리더들은 셀이 성령님의 임재 하시는 장이 되기를 소망하고 기도하는 것입니다.

우리에게는 소망이 있습니다.

예수님은 이 셀 속에 임재 하시기로 약속되어 있습니다.

셀이 예수님을 주로 고백하고 예수님의 사명을 성취하기 위하여 살고자 하는 모임이라면 거기에 예수님께서 성령으로 임재하여 오십니다.

이미 인용한 바 있지만 마태복음 18장에 약속된 말씀은 소망적입니다.

> 마 18:19, 진실로 다시 너희에게 이르노니 너희 중에 두 사람이 땅에서 합심하여 무엇이든지 구하면 하늘에 계신 내 아버지께서 저희를 위하여 이루게 하시리라
> 20, 두 세 사람이 내 이름으로 모인 곳에는 나도 그들 중에 있느니라

예수님은 2000년 전에 육신을 입고 이 땅에 오셨습니다.

몸으로 성육신 하신 것입니다.

오늘날 예수님은 영으로 공동체에 성육신하여 오십니다.

빌 벡헴은 이 두 가지 방법으로 하나님이 이 세상에 성육신 하여 오신다는 것을 교회의 원리로 설명하였습니다.

과연 예수님께서는 공동체에 임하여 오십니다.

그러므로 우리가 셀 모임을 갖는다는 것은 영적으로 임재하여 오시는 예수님을 섬기고 만나기 위하여서이며 이것은 셀 모임의 대 강령입니다.

공동체에 성육신 하시는 예수님, 코이노니아에 임재 하시는 예수님을 만나며 섬기며 순종하는 모임이 되게 하는 것입니다.

이는 셀 교회의 생명이요, 동력이 됩니다.

사람들끼리 연락하고 상합하려는 노력으로만 되는 것이 아니고 우리의 사모함 가운데 약속하신 대로 예수님이 임재 해 오심을 경험하며 감격하며 순종하는 공동체로 셀이 만들어져 가야 하는 것입니다.

그래서 두 날개 모두 건강해야 합니다.

큰 구조의 축제 대 예배가 성령 충만한 감격으로 드려짐으로써 모든 개인과 셀 지체들이 하나되어 거룩하신 하나님의 임재를 경험하며 거기서 불어 넣어진 생명으로 셀 친교에 들어감으로써 사랑의 샘이 솟아 더욱 사랑하고, 상합하고, 하나되어 하나된 힘으로 또 영혼을 구원하며 전도하는 능력이 됩니다.

그리고 셀에서 경험하는 주님의 임재와 사랑으로 뜨거워진 심령으로 대 예배 축제로 모여 감격으로 주님을 찬미하고 예배 합니다.

시 22:3, 이스라엘의 찬송 중에 거하시는 주여 주는 거룩하시니이다 그리하여 다시 그 예배에 임하시는 위대하신 주님을 만나며 힘을 얻어 가정과 세상에서 살다가 다시 셀로 모여 서로 사랑하고 서로 기도하고 또 주님의 은혜를 함께 체험합니다.

이렇게 하여 성령의 은혜가 계속하여 흘러 가며 흘러 옵니다.

큰 구조인 대 예배에서 성령 충만한 감격을 얻고 그 감격으로 셀에 모이면 셀이 사랑과 화해와 연합으로 감격하고 다시 그 감격으로 예배에 모이고 예배의 감격은 셀의 감격으로 셀의 감격은 예배의 감격으로 순환되어야 합니다.

셀 교회에서 성령의 임재를 체험하여 감격한 마음으로 대 교회에 모여 주님을 감격으로 찬미하고 예배하고 그 예배 가운데 임하시는 성령님의 은혜로 셀이 살아갈 힘을 얻고 이렇게 성령의 은혜가 순환되면 교회는 능력 있는 주의 군대로 이 땅에 주님 나라를 이루어 가는 것입니다.

여러분 우리는 이제 흥분되는 비전 앞에 와 있습니다.

패러다임의 전환은 쉽지 않습니다.

우리가 본질적인 진리를 따르고 역동적인 주의 군대를 이루기 위하여 결단하고 주님을 따를 때가 된 것입니다.

주님께서 주신 주의 군대를 이루는 환상을 좇아 갑시다.

우리 모든 성도가 살아나서 주의 군대를 이루어 천하 만민을 구원하고 모든 족속을 제자 삼아 이 땅에 주님 나라 이루는 군대를 이룹시다.

- 당신은 예배의 참여자입니까? 관람자입니까?
- 당신은 살아 있는 그리스도의 군사입니까? 마른 뼈입니까?
- 당신의 교회는 두 날개가 건강합니까?
- 당신의 교회는 모든 성도를 하나님 나라의 군사로 일으킵니까?

초판 제1쇄 | 2009. 7. 10.

지은이 | 이강천
펴낸이 | 정성민
펴낸곳 | 푸른초장
표지디자인 | 정영수
표지그림 | 김지연
캘리그라피 | 김지현
내지디자인 | 정영수, 정혜미

등록번호 | 제 387-2005-00011호(2005년 5월 17일)
소재지 | 경기도 부천시 소사구 심곡본동 743-14, 101호
　　　　TEL 032) 655-8330 (푸른초장), 010-6233-1545
인쇄처 | 예림문화사

▎책값은 뒤표지에 있습니다.
ISBN 89-92817-26-4-03230